Málaga
y Costa del Sol

ANAYA
TOURING

Autores: **Antonio Soler, Aurora Miró, Isidoro Coloma, Enrique Mapelli** y **Rafael Arjona** (Diez indispensables)
Responsable de proyecto: **Esther García González**
Actualización de la presente edición: **Isabel Jiménez Barrera**
Equipo técnico: **Susana Folgado, David Lozano**
Cartografía: **ANAYA Touring**
Diseño tipográfico y de cubierta: *marivíes*

Fotografías: **Archivo Anaya: Muñoz, M.**: 36; **Ruiz, J.B.**: 113. **Dreamstime:** Aagje De Jong: 12; Alex Tihonovs: 114-115; Antonio Ciero Reina: 103 a; Arenaphotouk: 85, 93, 120; Artur Bogacki: 78; Arturografo: 82-83; Bernadett Pogácsás-Simon: 11 c; Chantalnathalie: 53 c; David Herraez: 89; Eduardo Huelin: 11 a; Evgeniy Fesenko: 55; Javarman: 121; Kazmulka: 116-117; Lamberto Jesus Luque Perez: 40-41; Mariusz Prusaczyk: cabecera Visita, 56; **MEDITERRANEAN**: 103 c; Oleksandr Prykhodko: 47; Peter Apers: 37; Phil Darby: 45 a; Philip Bird: 70-71; Richair: 60-61; Valery Bareta: 27, 57, 108-109; Victoria Shelest: 68-69. **Istockphoto:** amoklv: 103 b; bbsferrari: 28-29; benedek: 34; bennymarty: 48-49; bradleyhebdon: 19; Deep Pixel: 66-67; jan van der Wolf: 12-13; Jesnofer: 106 b; Juan Miguel Cervera Merlo: 118-119, cabecera Dónde; julof90: 102; **MEDITERRANEAN**: 81; nito100: 58-59; Paola Giannoni, 111; phbcz: 61; Rudolf Ernst: 2; saiko3p: 30-31; Sean Pavone, 6-7; sharko: 73; Sushaaa: 22; Uldis Zile: 100-101; urbancow: 15 b; xavierarnau: 86-87. **Shutterstock:** Achim Wagner: 44 c; AlexWaltner: 79; Cabrerafoto: 112; Caron Badkin: 21; **Capturing Images**: 46; chrupka: 97; colorsphotostock: 96; David Salcedo: 24-25; Eduardo Estellez: 110 b; Fulcanelli: 15 a; GerardvandeWerken: cabecera 10 indispensables, 40 a; Jason Busa: 88 b; JoseLuis69: 43; Kiev.Victor: 54; Maksim Zaytsev: 110 a; matej_z: 11 b; maziarz: 17, 44 b; Mazur Travel: 14; Nick Stubbs: 105; Pabkov: 23, 53 a, cabecera Provincia, 99; Pernelle Voyage: 44 a; saiko3p: 26, 74-75; simona pavan: 106 a; slavapolo: 18; Sopotnicki: 88 a; trabantos: 9; Vitalii Biliak: 44 d; Voyagerix: cabecera Excursiones; WH_Pics: 39, 45 b; Wolf-photography: 34-35.

11ª edición: febrero 2025

© Grupo Anaya, S. A., 2025
 Valentín Beato, 21.
 28037 Madrid

Depósito legal: M-24926-2024
ISBN: 978-84-9158-865-8
Impreso en España-Printed in Spain

PAPEL DE FIBRA
CERTIFICADO

Contenido

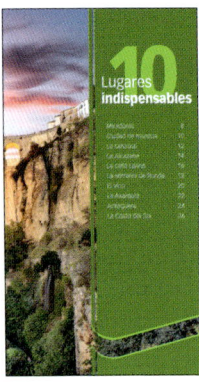

Cómo usar esta guía

Antes del viaje

Se sugiere la lectura de la sección **Diez indispensables** (de la página 7 a la 27), una serie de artículos que proporcionan las referencias necesarias para conocer mejor la ciudad y la provincia de Málaga, escritos por Rafael Arjona. Para quienes opinan que la **gastronomía** es uno de los atractivos del viaje, la sección del mismo nombre (de la página 120 a la 121) ofrece una visión bastante completa de aquellas especialidades malagueñas que pueden despertar la curiosidad del viajero.

Durante el viaje

En el apartado titulado **Visita a Málaga** (de la página 28 a la 57) se describe la ciudad a través de **dos itinerarios** a pie, uno esencial y otro complementario, por si se dispone de tiempo adicional.

El **plano** que aparece en las páginas 32-33 será de gran utilidad para realizar los desplazamientos por la ciudad.

La sección que lleva por nombre **La provincia de Málaga** (de la página 58 a la 99) describe las principales localidades de la provincia ordenadas alfabéticamente. Bajo el epígrafe **Excursiones por la provincia de Málaga** (de la página 100 a la 117) se ofrecen **cuatro excursiones** de un día para realizar en coche.

En las páginas 62-63 encontrará un útil **mapa de carreteras** de la provincia.

La hora de comer (y cenar)

Dentro del capítulo titulado **Dónde** se incluye una amplia selección de **restaurantes** por localidades, calidades y precios. En esta misma sección se facilita también información sobre un buen número de **actividades** con las que ocupar el tiempo libre que van desde las fiestas de las principales localidades, a otras como tapeo, actividades en la naturaleza...

Use los índices

Al final de la guía encontrará un **índice de lugares** que permite localizar con facilidad las páginas en las que hay alguna información de interés.

Planificación del viaje

En función del tiempo del que se disponga, puede conseguirse el máximo provecho a la estancia en Málaga y su provincia siguiendo las sugerencias siguientes:

Una semana
Visite la ciudad siguiendo los itinerarios urbanos que se proponen en esta guía y elija, entre las cuatro excursiones propuestas, las que le resulten más atractivas. Para comer, siga los consejos de las secciones **Gastronomía** y **Restaurantes** y, para cualquier otra actividad en la que ocupar sus momentos libres, consulte el apartado **Dónde**.

Fin de semana
Si su estancia en la ciudad se limita a un fin de semana, visite los monumentos descritos en el **itinerario básico** y seleccione una excursión, entre las que se proponen, a cualquier punto de la provincia.

Clasificación por estrellas

La mayoría de los lugares descritos en el libro se han clasificado por su grado de interés como sigue:

★★   Visita obligada
★   Interesante

SÍMBOLOS UTILIZADOS

A lo largo de la guía se han utilizado símbolos sencillos y claros para indicar las siguientes categorías:

- 🛈 información turística
- 🔘 referencia a los planos
- ✉ dirección o localización
- ☎ número de teléfono
- 🔗 página web
- 🕐 horario
- 🖰 precio
- 🛈 información de interés

SIGNOS CONVENCIONALES EN LOS PLANOS

Edificios de interés turístico	Vías rápidas
Parques y jardines	Calles peatonales
🛈 Información turística	🅿 Aparcamientos

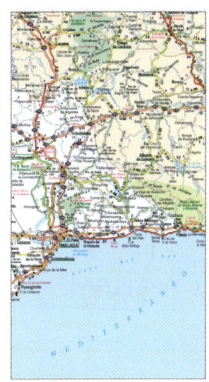

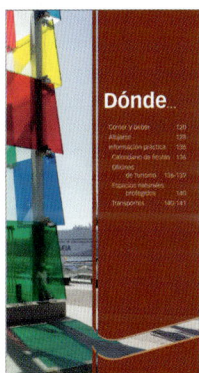

Lugares
indispensables
10

Miradores

La situación geográfica de Málaga, siguiendo la curva de la ensenada de su nombre y al pie de varias elevaciones, algunas considerables, permite la existencia de distintos miradores que ofrecen vistas de la ciudad a cual más insólita.

Entre los muchos que pueden encontrarse, cabe destacar los siguientes:

Dique de Levante. A continuación del paseo de la Farola y después de un camino de unos 1 200 m que merece la pena realizar, especialmente de noche. Desde este punto, el espectador tiene la sensación de encontrarse aislado y hasta perdido en medio del mar, y la ciudad, entonces, con toda la belleza de su fisonomía, se ofrece a lo lejos como una madre salvadora. Tanto de noche como de día, la experiencia es fantástica.

Paseo de Poniente. Este paseo, sobre la playa de la Misericordia, recibe hoy el nombre de Antonio Banderas y, en su andén, el Festival de Cine malagueño rinde tributo, en forma de hitos conmemorativos, a figuras señeras de la cinematografía. Desde este paseo, Málaga ofrece vistas insólitas. La altura de los bloques que han sustituido a las casitas y a los edificios fabriles de los antiguos barrios industriales contrasta con la línea lejana que se dibuja hacia el centro de la bahía, siempre con el mar como escenario imprescindible.

Miradores de Gibralfaro. Al castillo y al Parador se puede acceder desde el centro de la ciudad en coche o en autobús (línea 35, avda. de Andalucía), pero también, quien esté en forma puede subir andando por el camino que va a través de los jardines de Puerta Oscura y asciende mediante pendientes y escalinatas a La Coracha. Un primer mirador se encuentra en la zona baja de monte Gibralfaro, a espaldas de la muralla de la alcazaba. El segundo, situado a mayor altura, se localiza junto al Parador y el castillo. El lugar es espléndido y tan elevado que más de media Málaga se encuentra a sus pies. Desde este mirador es posible asistir a las corridas de toros que se celebran en la plaza de La Malagueta. El puerto desde aquí es bien distinto al que se ve a ras de suelo, como son distintos la costa, el barrio de La Malagueta, o los paseos de Picasso y de Sacha.

Hotel AC Málaga Palacio. Situado en la esquina de la calle Molina Lario con Cortina del Muelle, este

Info

Parador de Gibralfaro
- B4
- Castillo de Gibralfaro (a 3 km).
- 952 221 902.
- https://paradores.es

Info

Hotel AC Málaga Palacio
- Cortina del Muelle, 1.
- 952 215 185.
- www.marriott.com

establecimiento tiene una altura desmesurada e impropia del sitio que ocupa. Sin embargo, gracias a ella, desde su terraza es posible contemplar vistas insólitas de Málaga, especialmente del privilegiado laberinto en que consiste su casco histórico.

Monte Calvario. Inmensas son las perspectivas que se obtienen desde esta antigua ermita situada en la cumbre de un monte, a la que se llega subiendo por la calle de la Amargura. El esfuerzo merece la pena. Este es un mirador desde el que se divisan desde las sierras que rodean la ciudad hasta, en días claros, las costas africanas. El mejor momento para subir es el viernes por la tarde, cuando la hermandad abre la verja y se puede acceder hasta la plazoleta, o antuzano, que precede al edificio, que es el verdadero observatorio.

Venta Carlos del Mirador. Situada en el km 552 de la A 7000, la carretera de los Montes, a unos 15 minutos de la ciudad, este es un lugar excelso desde el que se puede ver Málaga mientras se disfruta de una buena comida. Arrimada al mar en la distancia y envuelta en la esplendorosa luz de esta parte de Andalucía, la ciudad parece salir de un cuento de *Las mil y una noches.*

Ciudad de museos

2

Conocida hasta ahora como la capital de la Costa del Sol, título que tal vez debería corresponder a Marbella, el auge de Málaga en los últimos años como ciudad sede de excelentes museos la ha convertido en uno de los ejes artísticos más importantes de España, y ha logrado transformar la imagen de la ciudad, sellando una prometedora alianza entre el turismo y la cultura.

Las últimas décadas del siglo pasado vieron el encumbramiento al rango de grandes capitales culturales de ciudades españolas como Barcelona, Sevilla, Bilbao, Valencia o Zaragoza, ya fuera de la mano de grandes instituciones museísticas y sus icónicos edificios o en el marco de gigantescas operaciones urbanísticas cuidadosamente organizadas y generosamente financiadas con motivo de acontecimientos mundiales como olimpiadas o exposiciones internacionales. A comienzos del nuevo siglo siguieron esta estela, en proporciones más modestas, ciudades como Vitoria (Artium, 2002, y Anillo Verde), Gijón (Laboral, 2007), Avilés (Centro Niemeyer, 2011), Santander (Centro Botín y Anillo Cultural, 2017) o Madrid (Galería de las Colecciones Reales, 2023).

Málaga no quiso quedarse atrás, y ya en 2003 comenzó su gran expansión cultural con la inauguración del Centro de Arte Contemporáneo (CAC), precedente del nuevo Museo y Centro de Arte Contemporáneo (MuCAC), y del Museo Picasso. Después, en 2011, Málaga consiguió traer al renacentista palacio de Villalón la Colección Carmen Thyssen de pintura española y andaluza. La afición de Málaga a coleccionar museos era ya imparable: en 2013 desembarca en el puerto el Centre Pompidou; en 2015, la colección malagueña del Museo Ruso de San Petersburgo se instala en la antigua Fábrica de Tabacos y, ya en 2016, abre sus puertas en el palacio de la Aduana el Museo de Málaga, que reúne las colecciones del antiguo Museo de Bellas Artes y del Museo Arqueológico Provincial. Entre 2007 y 2017 se construyeron 19 espacios expositivos más dedicados al patrimonio artístico local, y la nómina museística malagueña en la actualidad es de 39 instituciones, entre ellas cinco de los diez primeros museos de España por número de vistantes.

Todas estas iniciativas nacieron del Foro de Turismo de Málaga, que reúne al Ayuntamiento de la ciudad y a los principales representantes del sector turístico, y que han culminado en un Plan Estratégico de Turismo, ejecutado por un dinámico equipo municipal liderado por su alcalde, Francisco de la Torre, cuya pretensión –profecía ya cumplida– es la de convertir a Málaga en una capital de vanguardia mediante la apuesta por "las expresiones artísticas como modelo para impulsar el conocimiento y la innovación, la educación y el emprendimiento cultural dotando a la ciudad de proyectos de gran trascendencia internacional". El proyecto ya es una realidad incuestionable que todos los parámetros oficiales certifican, las cifras avalan (número de visitantes, pernoctaciones, entradas a los museos, etc.) y que llevó a la Organización Mundial del Turismo a otorgar a Málaga el título oficioso de Ciudad de Museos, que esta se apropió como marca. El *New York Times* reparó por primera vez en la ciudad andaluza, *Le Monde* le dedicó un elogioso artículo: "Málaga, el renacimiento por los museos"… Málaga brilla ya con luz propia en el mapa cultural internacional.

Hace apenas dos décadas no contaba entre los destinos favoritos de los visitantes, españoles y extranjeros, de una Andalucía cuajada de tesoros. El turista circunvalaba Málaga en pos de las playas de la Costa del Sol: Torremolinos, Fuengirola, Estepona y, sobre todo, Marbella, la rutilante perla de la costa. La vertiginosa musealización de la ciudad, unida a una inteligente renovación urbanística que incluye la apertura del puerto al ocio y a los cruceros, acertadas peatonalizaciones, la construcción del Palacio de Ferias y Congresos y del Auditorio, las nuevas líneas y estación del Ave y la construcción del metro, han situado a Málaga en el podio de los grandes centros artísticos de España, tan solo por detrás –en algunos aspectos, incluso, por delante de ellas– de Madrid y Barcelona.

▲ Dos visitantes de la Fundación Picasso en una de sus salas.

▼ Cartel informativo del Museo Picasso y Centre Pompidou (abajo).

La catedral

3

A la catedral de Málaga la llaman los malagueños La Manquita, debido a que se quedó sin levantar una de las dos torres del proyecto original.

Pero este hecho, que, en todo caso, pondría de relieve la incapacidad de la Iglesia malagueña para culminar el templo más representativo de la diócesis, no resta un ápice a la grandiosidad monumental de la construcción. En efecto, la catedral de Málaga deslumbra al espectador ya desde sus fachadas exteriores. La airosa cúpula de su única torre, por otra parte, resulta visible desde cualquier lugar de la ciudad, lo que la convierte en el principal punto de referencia para propios y extraños.

Los distintos pueblos que a lo largo de la historia han ido pasando por el solar andaluz parecen haber tenido ideas fijas en lo que se refiere a la elección de sus lugares de culto. La catedral de Málaga no es una excepción. Se levantó en el mismo lugar en el que los musulmanes habían construido su mezquita aljama ocho siglos antes. Y no solo eso, sino que algunos estudios arqueológicos prueban que en el mismo lugar habían existido anteriormente templos dedicados a distintos dioses, tanto iberos como fenicios, cartagineses y, por supuesto, romanos.

Info

Catedral y Museo Catedralicio

- C3
- Molina Lario, 9.
- 617 500 582.
- http://malagacatedral.com
- Horario: de lunes a viernes de 10 h a 20 h, sábado y víspera de festivos de 10 h a 18 h, domingo y fiestas de precepto de 14 h a 18 h.
- Entrada general: 10 €.

Dedicada a la Encarnación, su construcción se prolongó durante cinco siglos, desde 1518 hasta 1968, quedando, no obstante, como se ve, inacabada. Esta prolongación en el tiempo ha dado lugar a la introducción en la obra de distintos estilos. Sus comienzos fueron góticos, estilo del que queda una primera constancia en la portada que da a la calle Santa María, perteneciente hoy a la parroquia del Sagrario, y al que siguieron el renacentista, el manierista, el barroco, el neoclásico y hasta el escurialense.

El templo luce dimensiones descomunales. Se encuentra exento, rodeado en su cara norte por un gran patio ajardinado y por un jardín que llega hasta la cabecera. La fachada principal, que da a la plaza del Obispo, concebida a modo de retablo, resulta espectacular. Dentro, continúa la sensación de gigantismo: pilares colosales suben hasta los arcos que sustentan las bóvedas, todas decoradas. Tiene tres grandes naves con girola, las laterales con capillas adosadas a los muros, a cuál más suntuosa y con retablos, pinturas y esculturas, en su mayoría de gran valor artístico. Quizás su obra más importante sea el coro, ejecutado por Ortiz de Vargas y, en su mayor parte, por el granadino afincado en Málaga Pedro de Mena, que tuvo su casa y su taller en la cercana calle de Afligidos.

◄ Interior y exterior de la catedral de Málaga, donde se ven las dimensiones descomunales de este templo.

La Alcazaba

4

Cuando Badis, el rey granadino, se dispuso a construir la Alcazaba malagueña tras apoderarse de la ciudad, Málaga se encontraba amurallada y el mar llegaba hasta el borde del cerro en el que iba a levantarse la edificación.

Corría el año 1057 y no hacía tanto que el Califato cordobés se había hundido en la descomposición dando paso a los reinos de taifas, por lo que aún permanecían vivas sus directrices estéticas y, lo que era más importante, el recuerdo de su esplendor. Los reyezuelos de las taifas, ansiosos de poner de manifiesto su poder, trataban a toda costa de emular los fastos califales en las nuevas edificaciones que pretendían llevar a cabo, y Badis no era una excepción. Como era costumbre cuando de alcazabas se trataba, proyectó su edificio en un extremo del recinto amurallado, en este caso el oriental, y gastó en su construcción enormes cantidades de dinero.

Lo más probable fue que aquel cerro, que dominaba la ciudad y el puerto, no estuviera deshabitado. Es casi seguro que allí debió de existir algún tipo de edificación defensiva cartaginesa y, desde luego,

Info

Alcazaba de Málaga

- 🕐 B3-4
- ✉ Alcazabilla, 2.
- 🌐 https://visita.malaga.eu
- 🌐 https://alcazabaygibralfaro.malaga.eu
- 🕐 En verano, de 9 h a 20 h; en invierno, de 9 h a 18 h.
- 💶 Adulto: 3,50 €. Visita gratuita todos los domingos a partir de las 14 h.

▼ Vista aérea de la Alcazaba de Málaga.

romana. Algunas noticias hablan incluso de que la torre del homenaje, hoy desmochada, había sido construida por el emir cordobés Abd al-Rahmán I como parte de un edificio anterior al de Badis. Lo único que se sabe con certeza es que, en su configuración actual, y pese a las múltiples reparaciones y restauraciones que ha sufrido, la construcción es obra del monarca granadino o, para ser más exactos, de los alarifes y obreros que para él trabajaron.

A pesar de la cantidad, no derrochó el dinero el islamita, pues el resultado fue una enorme edificación que se desparrama por el cerro formando dos anillos de murallas, uno dentro del otro, que en su día llegaron a tener hasta 110 torres, además de la barbacana que protegía parte del anillo exterior. Andaban revueltos los tiempos y la inseguridad vagaba amenazante por los caminos, circunstancia por la que la construcción tuvo desde el primer momento un carácter militar. Pero también fue palaciega. En efecto, Badis ordenó levantar un palacio, que ocuparían los reyes granadinos o quienes en su nombre gobernaran la ciudad, en lo más alto del monte y tan ferozmente protegido que para llegar hasta él era necesario atravesar tres muros y hasta ocho puertas, convenientemente defendidas por sus correspondientes guardias, dos de ellas en recodo para dificultar el paso de los posibles atacantes. Tal reciedumbre y complejidad defensiva convierten el recinto en único en España y –eso aseguran los técnicos– comparable solo con algunos de los castillos que los cruzados levantaron en Siria.

El carácter principalmente castrense del edificio pervivió hasta 1843, momento a partir del cual empezó a sufrir un fuerte y rápido deterioro. Desalojado el ejército y, al parecer, sin un amo concreto, familias enteras se instalaron en él, levantando en sus patios precarias viviendas con todo tipo de materiales y convirtiéndolo en un lugar ruinoso y miserable, falto de agua, de alcantarillado y de los más mínimos servicios higiénicos. Esta situación duró casi un siglo, concretamente hasta 1933, en que, gracias, sobre todo, a los malagueños Ricardo de Orueta, director general de Bellas Artes en aquel momento, y Juan Temboury, se inició su recuperación y restauración, obras que habrían de durar bastantes años, pero que tendrían como resultado la edificación que hoy puede contemplarse, imponente en lo que de fortaleza tiene, pero también llena de romanticismo en sus jardines, en sus rumorosas fuentes, en sus paseos y en las distintas dependencias palaciegas, dedicadas actualmente Sala de Exposiciones Arqueológicas.

▲ Patio de los Cuartos
▼ de Granada (arriba), y mirador sobre la ciudad (abajo), en la Alcazaba de Málaga.

La calle Larios

5

La calle Larios se llama en realidad Marqués de Larios y, a pesar del crecimiento, experimentado por la ciudad, de las nuevas y espléndidas avenidas que la surcan, sigue siendo la calle más emblemática de Málaga desde su apertura en 1891.

Une la plaza de la Constitución con la plaza de la Marina, en donde tiene un monumento, obra de Mariano Benlliure, el segundo marqués de Larios, Manuel Domingo Larios y Larios, promotor principal de la apertura de la calle.

La Málaga árabe era un laberinto de callejuelas a cual más estrecha, que se cruzaban y se entrelazaban, asomándose a diminutas plazuelas o perdiéndose en pasajes extraordinariamente estrechos y lóbregos. Después de la conquista cristiana, el centro administrativo de la población se situó en la llamada plaza de la Constitución, donde estaban las Casas Consistoriales y, entre otras, la sede de la Hermandad de Viñeros. Casi desde los primeros momentos se tuvo la idea de abrir un paso suficientemente amplio que uniera esta plaza con el puerto, centro neurálgico de las actividades comerciales de la ciudad, a través del cual se exportaban vinos, pasas, cítricos, almendras, encurtidos, manufacturas artesanas y otros productos. El propósito, como se ve, tardó más de cuatro siglos en llevarse a cabo.

Entre las anécdotas que se conocen acerca de las obras que se iban a llevar a cabo, figura la consulta que el Ayuntamiento realizó entre los malagueños para que manifestasen si preferían la apertura de la calle o la culminación de la segunda torre de la catedral. La existencia de la calle revela la respuesta de la gente. Un gran arco triunfal de estilo mudéjar presidía la vía en su entrada marítima el día de su inauguración. Tuvo farolas de gas, y su primer pavimento era a base de tacos de madera, pavimento que, en 1907, se llevó por delante una de las riadas con las que por aquel entonces castigaba a la ciudad el Guadalmedina.

Fue desde el primer momento una calle comercial, tan comercial que, gracias a ella, el señor marqués engordó abundantemente su bolsa, pues enterado del proyecto que el consistorio se proponía llevar a cabo, fue adquiriendo todas las viejas casonas de la zona, de modo que cuando esta institución se dispuso a expropiarlas formaban parte de su patrimonio, y el señor marqués pudo imponer sus condiciones en la obra. Entre estas figuraban dos principales que, en realidad, eran solo una: que las casas que él mismo construiría serían para viviendas de alquiler, con una renta lo suficientemente alta para que solo albergaran inquilinos pudientes, y que los bajos estarían dedicados a negocios con el mismo tipo de rentas.

La calle, cerrada al tráfico, lo mismo que la plaza de la Constitución y otras calle del centro histórico, convierte a esta en un gratísimo paseo, con pavimento de mármol y las fachadas rehabilitadas de sus bellísimos edificios, obra de una arquitectura en la que prima la delicadeza de los volúmenes y la simetría por encima de los adornos superfluos, que apenas existen.

Muchos de los antiguos comercios que perviven en la memoria de los malagueños han desapareci-

▼ Marqués de Larios, una de las principales calles comerciales de la ciudad.

do, como el de Morganti, con los cuadros de pintores autóctonos que acostumbraba a exhibir; o el de Temboury, con el muñeco que golpeaba una y otra vez el cristal del escaparate con un puntero para llamar la atención de los viandantes, pero han sido sustituidos por otros más modernos y no menos llamativos; ya no se cita la gente en la plaza de la Constitución, debajo del reloj, para, a continuación, emprender el paseo calle abajo, pero siguen paseando por ella con la misma fruición de entonces, siguen disfrutando de sus amplias perspectivas, de su luz y de su colorido.

La serranía de Ronda

6

Ronda es la gran capital del poniente interior de Málaga. Como un águila dorada, la población se posa en la cumbre de una meseta, atravesada por el grandioso e inexpugnable tajo, que a lo largo del tiempo ha conseguido formar la nada poderosa corriente del río Guadalevín.

Tierra señorial de larga y frondosa historia, Ronda es ciudad de la que el romanticismo no ha desaparecido aún. Así lo atestiguan sus nobles casas solariegas, sus palacios, sus grandes edificios religiosos y civiles, como la iglesia de Santa María la Mayor, el Ayuntamiento o el palacio de Mondragón. Así lo atestigua de manera especialmente relevante el Puente Nuevo sobre el tajo, que une las dos orillas de la sima, obra de la que no se sabe qué impresiona más, si su envergadura o el vertiginoso abismo desde cuyos hondones ascienden sus pilares. Un romanticismo que acentúa la trama laberíntica, de origen musulmán, en el que estas construcciones se levantan, o los miradores que desde el borde de la meseta se asoman a un paisaje formidable de montañas cuyas cumbres cierran el horizonte por los cuatro puntos cardinales.

Ronda es precisamente el centro al que llegan y del que parten todos los caminos que recorren la serranía. Hasta no hace mucho estos caminos estaban llenos de bandoleros, bandidos que asaltaban a los viajeros que cruzaban la sierra camino de Gibraltar, de Sevilla o de Córdoba. La leyenda romántica sostiene que se trataba de bandidos generosos, que se echaban al monte empujados por su miserable situación económica y que luego repartían entre los pobres el botín de los asaltos. Hoy queda de ellos el recuerdo y la realidad de los parajes en los que actuaban, muchos incólumes al paso del tiempo y todos luminosos e inagotables en sus encantos, como lo es por lo demás la sierra entera.

Es tierra esta de hondas barrancas, de pinas laderas por las que trepan numerosos pueblitos de blancura inigualable, de abundantes simas, algunas insondables y de extrema belleza, semejante a la de las grandes catedrales del mundo cristiano. Al oeste, siguiendo el curso del río Guadiaro, al lado de Benaoján, famoso por sus soberbios embutidos, se encuentra la cueva del Gato, impresionante ejemplo, el mejor, de cuantos de estos hitos hay en la serranía. Al sur de Ronda, en el valle del Genal, se suceden

▼ Vista de Ronda, capital de la Serranía de su nombre.

los pueblos diminutos entre bosques de castaños y encinas, al borde de precipicios fantásticos o posados en las cumbres, como águilas solitarias. Internarse por las carreteras que llevan a Igualeja, donde nace el Genal, a Júzcar, a Faraján, a Alpandeire; bajar hasta Benadalid, Benalauría, Gaucín; llegar a Jubrique o a Genaguacil es entrar en un mundo lejano, de paz y de sosiego, un mundo en el que el tiempo deja de ejercer el avasallador dominio que ejerce a solo unos kilómetros.

Zona especialmente memorable de la comarca es la sierra de las Nieves, al sureste de Ronda. Declarada por la Unesco Reserva de la Biosfera en 1995, este paraje, casi una comarca, de espléndida diversidad paisajística y biológica, es también parque nacional desde 2021. En él se da cita la nieve todos los inviernos. Se dan cita, también, un espléndido bosque de pinsapos; macizos de rocas kársticas en los que abundan las cuevas, entre ellas las dos más profundas de Andalucía, la sima GESM y la sima del Aire; una enorme riqueza vegetal y faunística, con un ejemplar único, la cabra montés, cuya existencia llevó a declarar el territorio Reserva Nacional de Caza; y se dan cita, también, nueve deliciosos pueblos que, independientemente de sus numerosos y particulares atractivos, constituyen un modelo de convivencia entre el hombre y el medio natural.

Info

**Parque Nacional
de la Sierra de las Nieves**

✉ Paraje Río Grande-
Las Millanas. Tolox.
☎ 952 456 153.
🖰 www.sierradelasnieves.es
www.juntadeandalucia.es
www.miteco.gob.es

▼ Mirador sobre la serranía de Ronda.

El vino

La vid para la producción de vino se cultiva en Málaga desde tiempo inmemorial. En su *Historia de Málaga,* Guillén Robles cuenta que en el siglo VI a. C. los griegos que llegaron a Málaga enseñaron a podar las viñas a los indígenas, noticia que remontaría el cultivo a un tiempo bastante remoto.

En Cártama, a la entrada del valle del Guadalhorce, se descubrió un depósito de fermentación del mosto correspondiente a la época de los romanos, constituyendo este el primer testimonio histórico que da cuenta de la antigüedad con que se elabora el vino en Málaga. Los árabes, a los que, como se sabe, el Corán les prohíbe consumir alcohol, intentaron a su llegada acabar con la producción de vino. No obstante, aunque al principio aplicaban fuertes castigos a los borrachos, incluida la pena de muerte, no tuvieron más remedio que transigir y, tras un periodo en que las penas se redujeron a multas, acabaron imponiendo a los vendedores un impuesto que se convirtió en uno de los principales recursos del estado.

La llegada de los cristianos en 1487 supuso una bendición para los vinateros. Los Reyes Católicos, resueltos a apoyar a fondo la producción vinícola, crearon la Hermandad de Viñeros, encargada de controlar todos los procesos y, de manera especial, la calidad. A partir de este momento, la fama del vino de Málaga comenzó a extenderse, primero por Europa y, más tarde, por el resto del mundo. En 1224, en una cata organizada por el rey francés Felipe Augusto, el vino malagueño alcanzó el grado de *Cardenal,* inmediatamente detrás del de *Papa.* A finales del siglo XVIII, Catalina II de Rusia lo eximió de impuestos en su reino, después de que se lo diese a probar el embajador español. En plena Revolución francesa, el de Málaga era el vino preferido por los revolucionarios en los restaurantes de París. Hacia 1875 salían del puerto de Málaga más de treinta y dos millones de litros destinados a los mercados de Europa y América. Con toda esta riqueza acabó la filoxera a finales del siglo XIX, que destruyó la práctica totalidad de las vides.

En la actualidad la situación se va normalizando poco a poco, después de un larguísimo periodo de oscuridad. De nuevo vuelven a verse los verdes pámpanos de las vides en los montes de Málaga, en las dulces laderas de la Axarquía, en los llanos de

Antequera y en la serranía de Ronda. Nada menos que 65 municipios se dedican actualmente a la vid, muchos de ellos con producción de vino incluida. Ya no existe la Hermandad de Viñeros, pero en su lugar interviene el Consejo Regulador de las Denominaciones de Origen Málaga, Sierras de Málaga y Pasas de Málaga, que heredó sus funciones, en cuya sede se ha instalado el Museo del Vino de Málaga.

Los vinos de Málaga se obtienen, en su mayor parte, de las uvas pedro ximénez y moscatel. Son vinos dulces, con una graduación que alcanza los 15°, de un sabor característico, aptos no solo para los postres, sino también para el aperitivo y para cualquier hora del día. De hecho, en los bares de Málaga es así como se consume. Existen distintas variedades reconocidas por la DO pero, por su obligado envejecimiento, se distinguen solo cuatro tipos: *Málaga,* hasta 2 años; *Málaga Noble,* hasta 3 años; *Málaga Añejo,* hasta 5 años, y *Málaga Trasañejo,* más

Info

Consejo Regulador de las DOP Málaga, Sierras de Málaga y Pasas de Málaga

- ✉ Plaza de los Viñeros, 1. Málaga.
- ☎ 952 227 990.
- 🌐 https://vinomalaga.com

Museo del Vino de Málaga

- 🕐 B2
- ✉ Plaza de los Viñeros, 1. Málaga.
- ☎ 952 227 990.
- 🌐 https://museovinomalaga.com
- 🕐 De lunes a viernes de 10 h a 17 h, sábado de 10 h a 14 h.

de 5 años. No obstante, el *Málaga Pálido* no lleva crianza ni envejecimiento. *Lágrima* es un vino procedente de un mosto obtenido sin presión mecánica; si se envejece más de 2 años se denomina *Lacrimae Christi.* El famoso *Pajerete* es un vino particular autorizado con un contenido en azúcares entre 45 gr/l y 140 gr/l, sin adición de arrope, envejecido y de color ámbar oscuro.

También se acogen a la DO vinos tintos y blancos que se producen en zonas de la provincia malagueña como la serranía de Ronda o la comarca de Antequera.

▲ Viñedo en Cortes de la Frontera.

La Axarquía

8

A oriente de la capital malagueña hay una tierra de belleza indómita, sublime. Se trata de la Axarquía, nombre que en árabe viene a significar "aquella que está en el xarq" –en el lugar por donde sale el sol.

Es esta una tierra montuosa, de breves alturas pero muy escarpadas, con laderas de pizarra, valles hondos y cálidos por los que corren rumorosos riachuelos, a la que el sol, efectivamente, dora, y en la que crecen la vid y los frutales. Es tierra también de personas de carácter fuerte, áspero, que no toleran con facilidad las imposiciones, pero, que, sin embargo, no tienen reparos en abrir sus brazos hospitalarios al que llega en son de paz.

Los límites de esta tierra se encuentran en el mar por el sur, en las cumbres de sierra Almijara por el este y por el norte y, aproximadamente, según algunos autores, en la carretera de los Montes, que baja verticalmente desde Colmenar hasta Málaga. Vélez-Málaga es su capital, una ciudad importante, cargada de historia tanto como de monumentos, pero son muchos los pueblos que, como palomas blancas, se diseminan por el

▼ Frigiliana es uno de los pueblos más hermosos, no solo de la Axarquía y de Málaga, sino de toda Andalucía.

territorio; pueblos dorados, enlazados por caminos de precioso recorrido por los que el viajero se deja llevar maravillado. Al este, Cómpeta, la capital del vino, alza su escarpado caserío en la falda de sierra Tejeda. Su *Día del Vino*, el 15 de agosto, es realmente memorable. Debajo, Sayalonga, con su cementerio circular y sus deliciosos nísperos y, algo más al este, Frigiliana, la localidad más bella no solo de la Axarquía, sino de toda Málaga, pueblo que conserva íntegro en sus empinadas calles el sabor morisco de sus orígenes.

Todos los demás, y son muchos, se van acercando a Málaga capital. Periana, dulce de luz en su mansa hondonada, con el perfume de sus melocotones, dicen que los mejores de España; Alfarnate y Alfarnatejo, en el norte y entre los picos más elevados del territorio, densos de vegetación y blanqueados por la nieve todos los inviernos; Riogordo, con la representación de la Semana Santa que llevan a cabo sus habitantes el Viernes y el Sábado Santos; Almáchar, blanco como la espuma del Mediterráneo y gran mirador sobre el valle; Moclinejo en sus honduras; El Borge, Capital de la Pasa, delicioso en sus subidas y bajadas, en el laberinto de unas callejuelas por las que el visitante, gozoso, no duda en extraviarse; Cútar, cuyo nombre en árabe significa "fuente del paraíso", tal es la maravilla de sus aguas y de su paisaje; Benamocarra y Benamargosa, el primero debajo del segundo, cuna aquel de Eduardo Ocón, el músico más importante que Málaga ha dado el mundo, y capital el segundo del contrabando de tabaco durante la Guerra Civil; ambos, hoy, paraísos de las frutas tropicales: aguacates, mangos, chirimoyas...; Macharaviaya, anclada en el siglo XVIII, cuando la hizo tan grande la familia de los Gálvez que llegó a ser llamada "la Pequeña Madrid", casa de artistas hoy atraídos por su poderoso romanticismo.

Pueblos y pueblos que hacen del territorio un lugar diferente. Los árabes, amantes de la tierra como ningún otro pueblo que por aquí pasara, fueron los que le dieron la fisonomía que todavía perdura, los que crearon los sistemas de riego, los que cultivaron el olivo, pero también la vid –a despecho de sus creencias–, vides que crecen hoy hasta el borde mismo de los caminos, en laderas increíbles. Los árabes fueron, en una palabra, los que transformaron en cultivables tierras inhóspitas abocadas a convertirse en desiertos, los que levantaron la mayoría de los pueblos, los que dejaron su impronta, que todavía perdura.

▼ Vista de Cómpeta, sobre la ladera de la sierra de Almijara, en la Axarquía.

Antequera

Brilla Antequera asomada a su vega feraz desde hace miles de años, más de 4 500, a juzgar por los restos arqueológicos localizados en su suelo desde comienzos de la Edad del Bronce.

Info

Oficina de Turismo de Antequera

- ✉ Encarnación, 4.
- ☎ 952 702 505/ 708 305.
- 🌐 https://turismo.antequera. es
- ⏲ De lunes a sábado y festivos de 9 h a 18.30 h, domingo de 10 h a 14 h.

Centro de visitantes del Torcal de Antequera

- ✉ Ctra. de acceso al Torcal.
- ☎ 952 243 324.
- 🌐 www.torcalde antequera.com
- ⏲ De noviembre a marzo, de 10 h a 17 h; de abril a octubre, de 10 h a 19 h.

Antikaria la llamaron los romanos, que quiere decir "ciudad antigua", prueba de que ya lo era en esta época. Ciudad grande en todos los sentidos, localizada en un cruce de caminos, tuvo su mejor época entre 1410, fecha de su conquista por los cristianos, y hasta bien avanzado el siglo XVIII, tiempo durante el que tuvo oportunidad de convertirse en foco de humanistas y poetas que ejercieron gran influjo en la literatura del momento –el barroco–, y que tuvieron en la colegiata de Santa María el centro neurálgico de sus actividades. De este periodo son la mayoría de los grandes edificios religiosos y civiles, etc., que la convierten en una de las ciudades más monumentales de España en relación con su tamaño y, por supuesto, en la más monumental de Málaga.

Luminosa y moderna también, con un área de buenas edificaciones de nuevo cuño que se extiende de manera principal alrededor de la plaza de toros, donde también se concentra lo más granado de su importante comercio. Además mantiene en su casco urbano una bella estampa dieciochesca con remi-

► El Torcal de Antequera es uno de los parajes más sobrecogedores y misteriosos de la provincia de Málaga.

niscencias de épocas anteriores. Así, por ejemplo, todavía conserva abundantes restos de la que fuera poderosa alcazaba islámica, castillo al que los antequeranos bautizaron con el nombre de *Papabellotas*. Y lo mismo se pueden descubrir templos de estilo gótico, como el de San Francisco, el más antiguo de la ciudad, que conjuntos monumentales de la categoría de la colegiata de Santa María la Mayor, o espacios tan añosos y con tanto sabor como el barrio del Coso Viejo o la plaza del Portichuelo.

Antequera posee, además, en sus proximidades, dos hitos resonantes de incalculable relevancia, uno de ellos natural y el otro producto de la mano del hombre. A unos 13 km por la carretera A 6311, se alcanza El Torcal, impresionante macizo kárstico, declarado Paraje Natural en 1978, en el que se localizan formaciones rocosas tan espectaculares como las de El Tornillo, La Pera, El Sombrero, El Mono o El Lagarto, en medio de un paisaje sobrecogedor e inesperado, sobre todo, si se llega a él desde los llanos o desde la propia Antequera. A unos 5 km por la carretera de Málaga, N 331, a los pies de la famosa cuesta del Romeral, se sitúa un conjunto de tres grandiosos dólmenes prehistóricos, el de El Romeral, de unos 3 800 años de antigüedad, el de Menga, de unos 2 500 años, y el de Viera, de 2 400. Conservados los tres en perfecto estado, causan la admiración y el asombro de sus numerosos visitantes a lo largo del año.

Info

◈ **Patrimonio Mundial Unesco**

Dólmenes de Menga y Viera, *tholos* del Romeral, Peña de los Enamorados y Torcal de Antequera.

▶ pág. 61.
▶ pág. 110.

La Costa del Sol

10

Todo empezó en Torremolinos a mediados del pasado siglo; luego el fenómeno se fue extendiendo por el litoral como una mancha de aceite en un papel de estraza.

Pero la costa existía desde la más remota antigüedad. Hasta fechas recientes, hasta la época en que las máquinas son capaces de vencer cualquier obstáculo, Málaga ha tenido un problema que es, al mismo tiempo, un privilegio: una muralla caliza, especie de gran espinazo que marchando de oriente a occidente aísla por completo la marisma del interior, hasta el punto de que no es que haya dificultado sino que, prácticamente, ha impedido las comunicaciones entre una zona y la otra. Sin embargo, gracias a esta cadena montañosa que corta el paso a los vientos del norte y las nubes que vienen del Atlántico, la zona de la costa, con una longitud de casi 170 km desde los acantilados de Maro, por el este, a la punta de Chucena, por el oeste, goza de un microclima excepcional, en el que el sol no falta durante la mayor parte de los días del año y las temperaturas son tan suaves que bien puede decirse que el territorio vive en una eterna primavera.

▼ Vista de Fuengirola.

Fue en los años cincuenta del siglo xx cuando el turismo descubrió este paraíso. Antes, durante milenios, solo lo conocían los agricultores y los marineros, que aunque obtenían buenas cosechas y abundante pesca apenas podían comercializarlas en el exterior. Todo empezó en Torremolinos, porque Torremolinos, con su inmensa playa al pie del acantilado y el pueblito colgado en las alturas, tiene un carácter especial. Pero enseguida el turismo empezó a invadir el litoral entero. Durante algún tiempo, por esas veleidades humanas para las que no se encuentra explicación, la gente prefirió la costa occidental, y surgieron Benalmádena, Mijas, Fuengirola, Marbella, Estepona y Manilva. Surgieron las urbanizaciones, los puertos deportivos, los campos de golf, las diversiones de todo tipo. Y Marbella se convirtió en un emporio al que acude la *jet* y la "gente guapa" de todo el mundo, un paraíso dorado para el solaz, el sibaritismo y la molicie.

En la costa malagueña, occidente y oriente son una misma cosa. Si acaso, en occidente los montes son más encrespados y agudos que en oriente, donde son más oscuros y más densos. Tanto en las playas como en el sol no hay discordancia. Si acaso, en oriente la belleza de la costa es más profunda, más viva, sobre todo a medida que nos alejamos de la capital. Estas identidades y diferencias tardó en descubrirlas el turismo, pero cuando lo hizo, ambos lados de la costa tendieron a equilibrarse, aunque el segundo, el oriental, se encontró con la ventaja de que la primera gran fiebre había pasado y aquí las construcciones no tuvieron ya un carácter tan brioso y agresivo, sino que resultaron bastante más amables con el medio y más gratas para el usuario. Nerja, con sus playas doradas, con la fiereza leve de sus acantilados y con el milagro de su cueva, fue aquí el punto de partida. Luego llegaron Torrox y Torre del Mar, Rincón de la Victoria, Benajarafe, El Morche, Torre de Benagalbón...

De este modo, toda la costa, de un extremo al otro, incluida la propia capital, se fue llenando de viviendas, de modo que, sin perder su organización administrativa en municipios, se convirtió en una ciudad, la gran Ciudad del Sol de la que se habla en todos los proyectos urbanísticos y de ordenación del territorio que las autoridades manejan. Una ciudad que, con sus peculiaridades en cada tramo o municipio, cada vez acoge más gente no solo como lugar de vacaciones, sino también de residencia permanente.

▼ Puerto de Benalmádena.

La
visita

A continuación se proponen dos itinerarios diferentes para visitar la ciudad. El primero de ellos, que lleva el título de **Itinerario básico,** propone iniciar el recorrido en la catedral y el Museo Catedralicio para ir uniendo alguno de los principales monumentos o lugares de interés de Málaga en una ruta que acabaría en el monumento a don Manuel Domingo Larios y Larios.

El segundo, denominado **Itinerario complementario,** va dirigido a quienes desean el conocimiento más detenido y pormenorizado de la capital. Supone la visita al castillo de Gibralfaro, la Alameda Principal o el Ayuntamiento, entre otras opciones.

Para facilitar la visita se dispone de un **plano** de la ciudad, en las páginas 32-33.

El símbolo ⊙ remite a la localización en el plano de cada monumento o lugar comentados.

Las estrellas (✱ o ✱✱) hacen referencia a su importancia o su especial interés.

Visita a la ciudad de Málaga

Málaga es una ciudad de más de tres mil años de antigüedad que extiende su caserío desde el cerro de Gibralfaro, donde se asentó originalmente, hasta la orilla del mar. Su situación geográfica facilitó que a lo largo de los siglos fuera lugar de asentamiento de fenicios, ciudad confederada del Imperio romano y un próspero núcleo durante el periodo islámico, época durante la cual su puerto se convirtió en uno de los más importantes del Mediterráneo. Tras ser conquistada por los Reyes Católicos, la urbe fue adaptándose a los nuevos tiempos pasando periodos de penuria y otros de esplendor. Desde los años sesenta del pasado siglo Málaga se ha convertido en un importante centro industrial y turístico, cuya población se ha disparado hasta los 586 000 habitantes.

La llegada del Ave, con la construcción de una nueva estación, ha revitalizado una amplia zona en declive, al tiempo que ha puesto a la ciudad a tres horas de Madrid. Cercano a la estación, el puerto, en el que cada poco recalan más y mayores cruceros, ha estado desde siempre separado del caserío por una potente verja. A día de hoy y tras costosos trabajos, la reja ha desaparecido desde el acceso por la plaza de la Marina hacia el este, incluyendo el paseo de la Farola, es decir, el espacio ocupado por los muelles uno y dos. Estos muelles se han reformado a fondo dejándolos diáfanos, renovando el pavimento e incorporándolos al caserío como espacio urbano, circunstancia que ha originado una profunda y positiva transformación de la fachada más atractiva de la ciudad, incluida buena parte del casco histórico. Igualmente, la apertura de nuevas estaciones de metro está ayudando a paliar en buena medida el agobiante tráfico automovilístico que Málaga padece.

ℹ Oficina de Turismo de la Junta de Andalucía
✉ Plaza de la Constitución, 7.
☎ 951 308 911.
🖥 www.andalucia.org

ℹ Oficinas municipales
✉ Pza. de la Marina, 11.
☎ 951 926 020.
🖥 https://visita.malaga.eu

ℹ Punto de información
✉ Pza. de la Aduana (a los pies de la Alcazaba, junto al teatro romano).
🖥 https://visita.malaga.eu

ℹ Centro de Recepción de Visitantes Ben Gabirol
✉ Granada, 70.
☎ 951 929 250.
🖥 https://visita.malaga.eu
🕐 Cerrado temporalmente.

▼ Vista de Málaga.

MÁLAGA

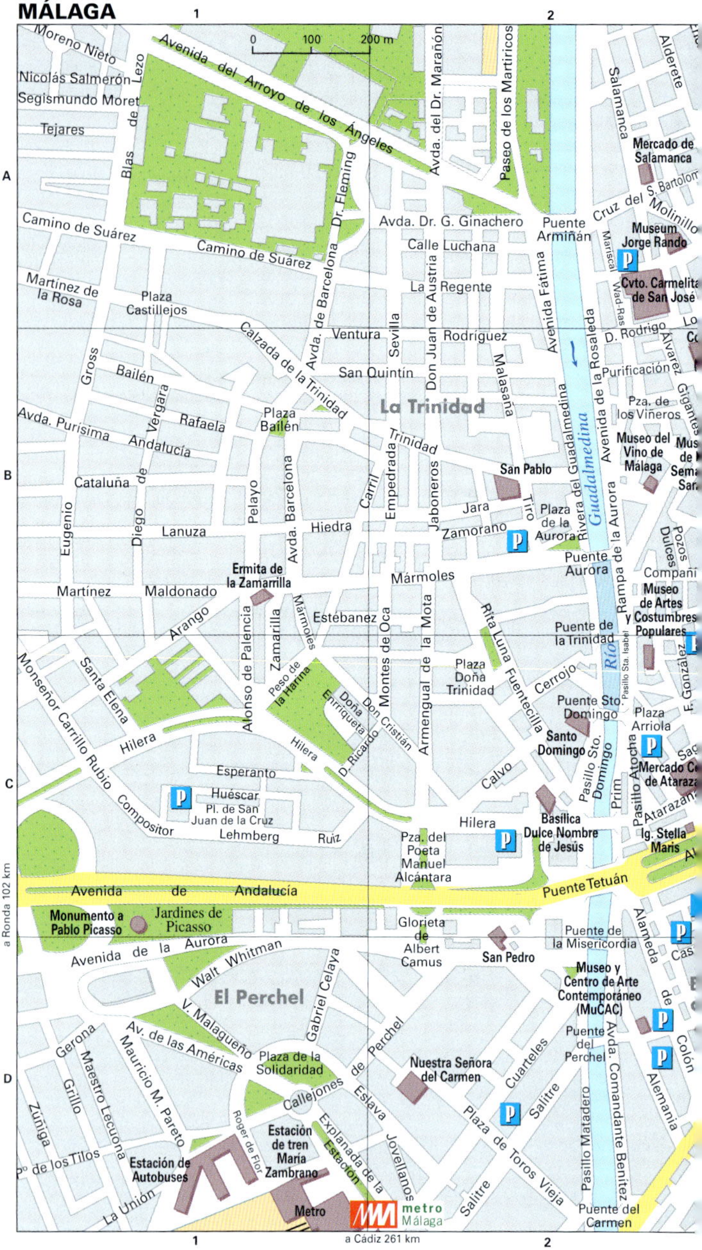

1   **2**

0   100   200 m

Moreno Nieto
Nicolás Salmerón
Segismundo Moret
Tejares

Avenida del Arroyo de los Ángeles

Avda. del Dr. Marañón

Paseo de los Martiricos

Alderete

Salamanca

A

Camino de Suárez

Camino de Suárez

Blas de Lezo

Dr. Fleming

Avda. de Barcelona

Avda. Dr. G. Ginachero

Calle Luchana

La Regente

Puente Armiñán

Cruz del S. Bartolom

Mercado de Salamanca

Museum Jorge Rando

Martínez de la Rosa

Gross

Plaza Castillejos

Calzada de la Trinidad

Ventura

Sevilla

Don Juan de Austria

Avenida Fátima

Rodríguez

Avda. de la Rosaleda

D. Rodrigo

Cvto. Carmelita de San José

Mariscal

Vlad.Ras

Bailén

Vergara

Rafaela

Plaza Bailén

San Quintín

Malasaña

Purificación

D. Álvare

Pza. de los Viñeros

B

Avda. Purísima

Andalucía

Diego de

Pelayo

Avda. de Barcelona

Empedrada

Trinidad

La Trinidad

Jaboneros

San Pablo

Rivera de Guadalmedina

Museo del Vino de Málaga

Giganti

Mus de Sem Sar

Cataluña

Lanuza

Caril

Hiedra

Jara

Zamorano

Plaza de la Aurora

Tiro

Puente Aurora

Rampa de la Aurora

Pozos Dulces

Compañí

Eugenio

Martínez

Maldonado

Ermita de la Zamarilla

Mármoles

Estébanez

Montes de Oca

Mármoles

Armengual de la Mota

Puente de la Trinidad

Puente Sto. Domingo

Río Guadalmedina

Museo de Artes y Costumbres Populares

C

Monseñor Carrillo Rubio

Santa Elena

Hilera

Esperanto

Huéscar

Compositor

Alfonso de Palencia

Zamarilla

Peso de la Harina

Doña Enriqueta

D. Ricardo

Don Cristián

Plaza Doña Trinidad

Cerrojo

Calvo

Santo Domingo

Pasillo Sto. Domingo

Prim

Plaza Arriola

Mercado C de Ataraz

Atarazan

Pasillo Atocha

Pasillo Sta. Isabel

González

Pl. de San Juan de la Cruz

Lehmberg

Ruiz

Hilera

Pza. del Poeta Manuel Alcántara

Basílica Dulce Nombre de Jesús

Ig. Stella Maris

Avenida de Andalucía

Puente Tetuán

a Ronda 102 km

D

Monumento a Pablo Picasso

Jardines de Picasso

Avenida de la Aurora

Walt Whitman

Glorieta de Albert Camus

San Pedro

Puente de la Misericordia

Alameda

Cás

El Perchel

V. Malagueño

Gabriel Celaya

Museo y Centro de Arte Contemporáneo (MuCAC)

Puente del Perchel

Avda. Comandante Benítez

de Colón

Alemania

Gerona

Maestro Lecuona

Av. de las Américas

Mauricio M. Pareto

Plaza de la Solidaridad

Calejones de Perchel

Estava de la

Nuestra Señora del Carmen

Cuarteles

Plaza de Toros Vieja

Pasillo Matadero

Zúñiga

Grillo

° de los Tilos

La Unión

Estación de Autobuses

Roger de Flor

Estación de tren María Zambrano

Explanada de la Estación

Jovellanos

Salitre

Salitre

Puente del Carmen

Metro

metro Málaga

a Cádiz 261 km

Catedral de Málaga y Museo Catedralicio

- C3
- Molina Lario, 9.
- 617 500 582.
- http://malagacatedral.com
- Horario: de lunes a viernes de 10 h a 20 h, sábado y víspera de festivos de 10 h a 18 h, domingo y fiestas de precepto de 14 h a 18 h.
- Entrada general: 10 €.

CATEDRAL ★★

Es el monumento más significativo de Málaga. Se erigió bajo la advocación de Santa María de la Encarnación, sobre los restos de la mezquita aljama, que fue cristianizada por los Reyes Católicos en 1487.

La construcción se inició como un proyecto gótico del que se conserva la actual portada del Sagrario. Este proyecto se abandonó en el año 1525 y en 1527 se adoptó otro, de Diego de Siloé, dirigido por el arquitecto Pedro López hasta 1540 (cimentación, pilares y muros absidales); por fray Martín de Santiago hasta el año 1545, y por otros maestros menores hasta 1549. Diego de Vergara introdujo algunas novedades, separándose de la línea de Siloé en la parte alta del edificio (capillas de la girola y ambos cruceros). En 1583 le sucedió su hijo, Diego de Vergara Echaburu, quien cerró los extremos del crucero y construyó el altar mayor y las puertas laterales; a la muerte de este, en el año 1597, le sustituyó Pedro Díaz de Palacios, que realizó el coro.

En el siglo XVII las obras se retrasaron. Diego de Pedrosa levantó en 1632 las portadas del crucero. En 1719, aquellas fueron dirigidas por José de Bada y Navajas, que volvió a iniciar la construcción desde los pies a la cabecera; entre 1757 y 1761, Antonio Ramos construyó los cubillos.

En 1764 se inició la unión de la obra vieja con la nueva, y por fin, en 1766, Miguel Carrera comenzó el enlosado, y una vez concluido, se abrió al culto la parte nueva de la catedral. En los años siguientes se levantó la única torre existente; en 1782 cesaron las obras, y quedó el edificio en el estado que hoy se puede contemplar.

Al quedar una torre a medio construir, la catedral es conocida popularmente por *La Manquita*. Cuenta la leyenda que el dinero destinado a esa torre se entregó a Lafayette para sufragar parte de su campaña norteamericana.

La planta tiene elementos góticos y renacentistas y se halla dividida en tres naves con girola, todas de la misma altura, cubiertas con bóvedas vaídas. El alzado lo forma la llamada estructura siloesca:

◄ Interior y exterior de la catedral de Málaga.

basamento sobre el que se eleva un pilar, con medias columnas corintias adosadas, que soportan un entablamento partido llamado "dado brunelleschiano"; sobre él carga un pilar cuadrangular en el que se apoya el arco de la bóveda.

Por una amplia escalinata de mármol se accede a la **fachada** principal, que se compone de un cuerpo central, con dos pisos y tres calles, flanqueado por las dos torres que se adelantan hacia la plaza. Encima de la **puerta** central se encuentra un relieve escultórico de la Anunciación, realizado en 1734 por Antonio Ramos, y sobre las laterales, figuran los patronos de la ciudad, San Ciriaco y Santa Paula, realizados por Clemente Anes en 1732, el primero, y por anónimos artistas locales, la segunda.

En el interior destaca especialmente la **sillería** del coro, encargada por el cabildo en 1631 y realizada en varias etapas: el armazón de madera y las tallas de la Virgen con el Niño, San Pedro y San Pablo se deben a Luis Ortiz de Vargas; el Apostolado y los bustos de los santos que coronan la sillería, a José Micael Alfaro. A su muerte, no convenció al cabildo la obra de Diego Fernández, autor del San Miguel, por lo cual se encargó a Pedro de Mena y Medrano concluir los trabajos; entre 1658 y 1660 realizó los remates de coronación del recinto y 42 imágenes, las más interesantes del conjunto, debido al amplio repertorio de los recursos comunicativos empleados y a la expresividad de rostros y manos.

El coro se complementa con dos grandes órganos gemelos, realizados entre 1779 y 1781 por Julián de la Orden, con más de cuatro mil tubos y una sonoridad extraordinaria. Las cajas se deben al maestro José Martín de Aldehuela.

En las capillas laterales se encuentran diversas obras escultóricas y pictóricas interesantes. Comenzando el recorrido por los pies de la catedral, la primera capilla de la derecha, la **capilla Nueva,** alberga el Crucificado del Perdón, obra anónima del siglo XVII y una Dolorosa de Pedro de Mena. A continuación, en la **capilla del Sagrado Corazón,** se exhibe un **retablo** de principios del siglo XVI, procedente de Becerril de Campos (Palencia), que sigue el estilo de Pedro Berruguete. En la **capilla del Rosario** sobresale un magnífico cuadro con la *Virgen del Rosario*★★ (1665-1666), obra de Alonso Cano. Un lienzo de la Inmaculada, atribuido a Claudio Coello por unos y a Mateo Cerezo por otros, preside la **capilla de la Purísima Concepción.**

Pasando el crucero, en la **capilla de Nuestra Señora de los Reyes** se guardan las estatuas oran-

▼ Espadaña de la iglesia del Sagrario y torre de la catedral de Málaga.

tes de los Reyes Católicos, obra de Pedro de Mena. Ya en la girola, en la **capilla de San Francisco** se pueden visitar los mausoleos de los arzobispos de Salerno y Monreal, en los que, al parecer, trabajaron Guglielmo della Porta (1545) y Giovanni Antonio Dossio (1575). En la **capilla del Cristo del Amparo,** la última de la girola, se pueden apreciar varios cuadros de Juan Niño de Guevara (1532-1698).

Dentro de la catedral se encuentra el **Museo Catedralicio,** que reúne objetos religiosos no utilizados en el culto, entre ellos pinturas, tejidos, platería y manuscritos.

| PALACIO EPISCOPAL

Está compuesto por un conjunto de edificios. El más interesante es el construido bajo la dirección inicial de Antonio Ramos, en el siglo XVIII, que se abre a la plaza del Obispo. La **fachada,** una de las más ricas de la ciudad, se organiza en cinco calles y tres pisos. El vano central lo ocupa una magnífica **portada retablo** en mármoles rosas, blancos y grises, rematada por una hornacina con la Virgen de las Angustias, escultura en piedra de Manuel Agustín Valero.

A sus lados hay dos calles de vanos entre pilastras, cajeadas sobre pedestales. Se cubre con un amplio entablamento dórico, interrumpido por frontones curvos. La fachada se completa con una balaustrada rematada por pirámides.

Palacio Episcopal.
Centro Cultural Fundación Unicaja
🕐 B3
✉ Plaza del Obispo, 6.
☎ 952 624 862.
🖥 www.fundacionunicaja.com

▼ Palacio Episcopal de Málaga, en la plaza del Obispo.

En el interior se debe señalar el **patio,** de gran sobriedad, con arquerías que cabalgan en columnas toscanas, y la escalera de tipo imperial que da acceso a la planta noble. En sus dependencias se ha instalado el **Centro Cultural Fundación Unicaja,** que programa exposiciones y otras actividades.

Iglesia del Sagrario
- B3
- Santa María, 22.
- 952 211 935.

IGLESIA DEL SAGRARIO

Costeada por una bula papal del año 1488, la construcción actual data del siglo XVIII y solo es original la **portada,** concebida como puerta principal del primer proyecto catedralicio. Realizada según el estilo de los Reyes Católicos, su estructura se articula en dos cuerpos flanqueados por pináculos. La figura del Todopoderoso preside el conjunto entre una vegetación estilizada que se reparte por toda la fachada.

Las arquivoltas están decoradas a base de pequeñas esculturas de los apóstoles. En el cuerpo superior se sitúa la figura de la Virgen, y a sus lados, dos parejas de personajes (un cardenal orante, un ángel, un obispo y un clérigo). También están el sello y el escudo del obispo Riario, bajo cuyo mandato se terminó la obra, y las figuras de los cuatro padres de la Iglesia, los cuatro Evangelistas, dos personajes del Antiguo Testamento y la Anunciación de la Virgen, antigua advocación de la catedral.

El **interior,** una sencilla fábrica de planta de cajón, está presidido por un monumental **retablo*** de estilo plateresco con escenas de la vida de San Pedro y San Pablo, procedente de Bercerril de Campos (Palencia) y fechado en 1565, del círculo de Juan de Balmaseda.

Museo Revello de Toro
- B3
- Afligidos, 5.
- 952 062 069.
- www.museorevello detoro.net
- De martes a sábado, de 10 h a 20 h; domingo y festivos, de 10 h a 14 h.
- Entrada: 4 €.

MUSEO REVELLO DE TORO

Inaugurado el 27 de noviembre de 2010, se ubica en la casa en la que viviera y tuviera su taller el célebre imaginero granadino, afincado en Málaga, Pedro de Mena (1638-1688), una casona de gran porte que ha sido restaurada y acondicionada conservando su carácter y algunos de sus elementos principales, como el hermoso patio central, la escalera y las galerías perimetrales.

Retratista de grandes personalidades mundiales, Revello de Toro nació en Málaga en 1928, aunque se afincó en Barcelona treinta años después. Pintor realista idealista, los lienzos de Revello destilan elegancia y un aire melancólico y romántico. La colección, compuesta en principio por ciento diez obras donadas por el artista a la ciudad, se reparte en distintas salas por las tres plantas del edificio. Cabe destacar los cuadros de gran tamaño de figu-

Museo de Málaga
- C3
- Plaza de la Aduana, s/n.
- 951 039 269.
- www.museosde andalucia.es
- De martes a sábado, de 9 h a 21 h; domingo y festivos, de 9 h a 15 h.
- Entrada gratuita para ciudadanos de la UE.

La Semana Santa

La Semana Santa malagueña, declarada de Interés Turístico Internacional, reviste una gran importancia y algunas notas que le otorgan un carácter singular. Es particularmente monumental y solemne. Los pasos son grandiosos, llegando a pesar hasta seis toneladas. Debido a su tamaño, se montan fuera de los templos, trasladando las imágenes el día de la procesión. Llevan varales externos y los costaleros caminan a la vista del público. Uno de los momentos más emotivos es el del levantamiento a pulso de los tronos, que se repite en diversos lugares de la procesión. Los costaleros levantan el paso extendiendo los brazos y a continuación mecen a las imágenes durante largos instantes. Entre las cofradías que despiertan mayor interés sobresalen la del Cristo de los Gitanos, cuya imagen fue esculpida por el gitano Juan de Vargas. Desfila el Lunes Santo, acompañada de todos los malagueños de esta etnia. El Miércoles Santo sale Jesús el Rico, que, desde tiempos de Carlos III, posee el privilegio de indultar a un preso. El Jueves Santo desfilan el Cristo de la Buena Muerte, acompañado por los legionarios; la Virgen de la Amargura, cuya cofradía se conoce con el nombre de la Zamarrilla, y la Virgen de la Esperanza, que sale del Perchel y cuyo trono, enorme, es el más pesado de cuantos hacen la estación de penitencia.

ras femeninas localizados en las salas tres y cuatro, bellos, delicados y armoniosos.

El museo se propone además revitalizar la figura de Pedro de Mena, quien realizó buena parte de su obra en Málaga. Al objeto, en una de las salas se emite un audiovisual con una síntesis de su biografía. Igualmente, se informa al visitante de los lugares donde se localizan las obras del gran maestro barroco, uno de los más sensibles y emotivos.

I MUSEO DE MÁLAGA ✳

La urbanización del paseo de la Alameda dejó la antigua aduana de Puerta del Mar sin funcionalidad práctica; por ello se procedió a construir una nueva **Aduana** en la zona baja de la Alcazaba, en una plaza a la que le da nombre, y terminó siendo uno de los edificios más característicos de la ciudad. Se construyó según un proyecto realizado en 1788 (se concluye en el año 1829) por el académico de la Real Academia de San Fernando don Manuel Martín Rodríguez, quien plasmó las nuevas líneas neoclásicas, aunque mantuvo gran cantidad de elementos barrocos y renacentistas.

El edificio es un gran cuadrado, que presenta al **exterior** una planta baja almohadillada y otros dos pisos más, coronados por un cuerpo de ventanillas bajo el alero. Predominan las líneas horizontales,

▼ Palacio de la Aduana, sede del Museo de Málaga.

acentuadas por cornisas e impostas. La portada occidental se completa con un balcón de apariciones, colocado en el año 1862, con ocasión de la visita de Isabel II a la ciudad. En el **interior,** un zaguán con dos grandes escaleras enfrentadas da paso a un bello y austero **patio,** organizado con arquerías sobre pilares, cuyas galerías se cubren con casquetes semiesféricos.

En la actualidad ha sido completamente remodelado y en él se ha instalado el **Museo de Málaga,** que reúne las colecciones del antiguo Museo de Bellas Artes y del Museo Arqueológico Provincial. En la planta primera pueden verse obras de viejos maestros, como Alonso Cano, Ribera o Zurbarán, junto con un soberbio conjunto de pintura de la llamada *Escuela malagueña,* con artistas como Enrique Simonet, Bernardo Ferrándiz, Moreno Carbonero, José Nogales o Muñoz Degrain. La planta segunda recoge importantes hallazgos arqueológicos realizados en toda la provincia.

▮ ALCAZABA ✳

Es uno de los pocos testimonios de la etapa musulmana que quedan en Málaga. Está situada en la parte oriental de la ciudad, protegida al este por Gibralfaro y al sur por el mar. La construcción que conocemos se debe a una remodelación llevada a cabo en el siglo XI por el rey Badis, de la taifa granadina. Tiene unas fortificaciones de ingreso y dos recintos amurallados con numerosas torres defensivas. Presenta la típica entrada musulmana, con pasos en recodo para dificultar aún más el acceso.

De sus cuatro puertas destacan la de **Torre del Cristo,** abierta en el primer cinturón de murallas, y la de **Cuartos de Granada,** que da acceso al recinto superior, donde se encuentra la zona residencial, compuesta por tres **palacios** dispuestos paralelamente. El primero fue construido por Badis y presenta una acusada influencia califal. Los otros dos fueron totalmente reconstruidos en 1933, con aire nazarí porque no quedaban restos suficientes en

Alcazaba

- ◉ B3-4
- ✉ Alcazabilla, 2.
- 🕑 https://visita.malaga.eu
- 🕑 https://alcazabaygibralfaro.malaga.eu
- ◉ En verano, de 9 h a 20 h; en invierno, de 9 h a 18 h.
- 🎫 Adulto: 3,50 €. Visita gratuita todos los domingos a partir de las 14 h.

◀ ▲ Interior de la Alcazaba (en la página anterior) y muralla exterior de la Alcazaba y teatro romano (abajo).

qué basarse para su restauración. Más arriba hay un diminuto barrio, de calles estrechas, dominado por la **torre del homenaje,** que está considerado el más antiguo barrio musulmán conservado en España.

En la sala de exposiciones arqueológicas de la Alcazaba hay una exposición permanente sobre técnicas y uso de la cerámica en la Málaga musulmana.

TEATRO ROMANO

Se halla en la ladera oeste de la Alcazaba. Se construyó en la época de Augusto, en el siglo I d. C., y perdió su uso original allá por el siglo III. Parte de sus elementos fueron aprovechados por los musulmanes para la construcción de la Alcazaba (sillares, columnas, etc.). Luego cayó en el olvido y fue sepultado hasta que, en 1951, al construirse la Casa de la Cultura, apareció el graderío, que en nuestros días se ha utilizado para representaciones de teatro clásico. El derribo de construcciones anejas ha propiciado una bella panorámica del graderío y de los lienzos de muralla de la Alcazaba.

MUSEUM JORGE RANDO

Desde el Teatro romano se alcanza la **plaza de la Merced,** importante centro vertebrador de la ciudad cristiana. Desde ella, por Madre de Dios, se llega al **Teatro Cervantes** y, desde aquí, a Cruz del Molinillo, en cuyo número 12 se encuentra el **Museum Jorge Rando,** primero de España dedicado al expresionismo. En él se reúne buena parte de la obra de este importante pintor y escultor malagueño (1941), organizándose a la par continuas exposiciones de artistas nacionales e internacionales.

IGLESIA DE SANTIAGO

Situada en la calle de Granada, fue fundada en 1490 y es una de las más antiguas de la ciudad. De la primitiva iglesia solo se conserva la bella **torre** cuadrada de estilo gótico-mudéjar, realizada en ladrillo y decorada con paños de *sebka* –decoración almohade a base de rombos con trazos lobulados o mixtilíneos– en el segundo cuerpo. También se conserva la primitiva **puerta principal** de ladrillo, hoy cegada, que presenta un arco conopial enmarcado por un alfiz que llega hasta el suelo; las enjutas se decoran con un vistoso alicatado de dibujo geométrico de lazo. Las obras de reforma, proyectadas en el siglo XVIII por Unzurrúnzaga, enmascararon la primitiva construcción y la convirtieron en una iglesia barroca de planta basilical. En el interior destacan la **capilla del Pilar** y su

Teatro romano

- B3
- Alcazabilla, 8.
- 951 501 115.
- https://visita.malaga.eu
- De martes a domingo de 10 h a 16 h.
- En la entrada, un **centro de interpretación** introduce al visitante en el mundo romano.

Museum Jorge Rando

- A2
- Cruz del Molinillo, 12.
- 952 210 991.
- www.museojorgerando.org
- Consultar la web.
- Entrada gratuita.

Teatro Cervantes

- A3
- Ramos Marín, s/n.
- 952 224 109.
- www.teatrocervantes.com

Iglesia de Santiago

- B3
- Granada, 78.

antecapilla, decorada por Unzurrúnzaga con yeserías carnosas y exuberantes (1705), semejantes a las realizadas en el santuario de la Victoria. En ella se venera, entre otras, la imagen procesional de Jesús el Rico.

I **MUSEO PICASSO** ******

En la calle de San Agustín se encuentra el **palacio de Buenavista**, que en la actualidad es sede del Museo Picasso, con más de 200 obras en varios formatos, que van desde *Casagemas muerto* (1901) pasando por *La maternidad, Retrato de mujer con cuello verde* y *Mujer en un sillón,* hasta *Jacqueline sentada* (1954), convirtiéndose así en una de las colecciones de obras de Pablo Ruiz Picasso más importantes a nivel mundial.

Uno de los primeros propietarios del edificio fue don Diego de Cazalla, regidor y pagador de los Ejércitos y Armadas Reales, que entró en Málaga con los Reyes Católicos en 1487. El edificio actual tiene su origen en un palacio nobiliario construido hacia 1530-1540. Perteneció al conde de Molina en el siglo XVII y, posteriormente, al conde de Buenavista durante el siglo XIX y, más tarde, a la condesa de Luna en el siglo XX.

La **fachada** del palacio, totalmente de piedra, es muy rara en los edificios de la ciudad. La gran austeridad constructiva y decorativa (solo la puerta y la ventana presentan ornamentación renacentista en sus marcos) y la presencia de una torre mirador rectangular evidencian su carácter defensivo.

Museo Picasso
- B3
- San Agustín, 8.
- 952 127 600.
- www.museopicasso malaga.org
- Todos los días de 10 h a 20 h.
- Entrada: 12 €.

▼ Vista del exterior del Museo Picasso.

▲ ▶ Patio y salas
del Museo Picasso.

En el interior, tras cruzar un zaguán, un bello patio cuadrado, porticado, de dos pisos, sirve como núcleo ordenador del edificio. Las galerías, con arcos rebajados sobre columnas de fuste liso y capiteles corintios estilizados, están cubiertas por alfarjes. El aspecto general es el de un gran espacio, amplio y diáfano, con cierto aire italiano, al que se han agregado algunas notas mudéjares.

También es mudéjar la pequeña **torre** rectangular con pilares de ladrillo que se levanta casi frente a la entrada. Esta torre debió formar parte de la primera edificación del palacio.

Las obras de acondicionamiento de los sótanos del museo han sacado a la luz restos fenicios de los siglos VII y VIII a. C, con un importante lienzo de la muralla de la ciudad en esa época.

▌ IGLESIA DEL SANTO CRISTO DE LA SALUD ✱

Esta iglesia, que se encuentra en la calle de la Compañía, pertenece al antiguo conjunto del Colegio de Novicios de los Jesuitas. Inaugurada en 1630, constituye un importante ejemplo de la arquitectura

Iglesia del Santo Cristo de la Salud
🕐 B3
✉ Compañía, 4.

manierista española. Desde el punto de vista arquitectónico, presenta una planta centralizada que se organiza como un círculo inscrito en un cuadrado, con exedras en los ángulos, que forman capillas en la parte baja y tribunas en el primer piso.

El conjunto se cubre con una cúpula sobre tambor, a su vez coronada por un cupulín. La **bóveda** presenta una decoración ilusionista realizada al fresco, ejemplo del incipiente barroco malagueño debido al maestro Andrés Cortés, en la que se combinan motivos arquitectónicos pintados, figuras de santos mártires, angelillos y motivos vegetales relacionados con el martirio. También hay que señalar el **retablo** manierista del presbiterio, obra del hermano Francisco Díaz de Rivero (1633), reformado por José Martín de Aldehuela en 1787, con las figuras de san Francisco Javier y san Estanislao de Kostka (ambas de mediados del siglo XVII).

I MUSEO CARMEN THYSSEN

A semejanza del Museo Picasso, se trata, en primer lugar, de la recuperación de un edificio histórico, el **palacio de Villalón**, así como de la revitalización del espacio urbano que lo rodea, situado en las proximidades de una de las calles más importantes de la Málaga histórica, la de la Compañía. De este modo, el museo reúne una superficie de 7 147 m^2, de los cuales 5 185 se destinan a la exposición de la colección permanente, a exposiciones de carácter temporal y a la Fundación Palacio de Villalón, y el resto a dependencias administrativas y a diversos servicios, tales como un salón de actos, un aula didáctica, una tienda y una cafetería restaurante.

Carmen Thyssen ha prestado a la ciudad de Málaga una colección realmente importante que se reparte por las distintas salas de las plantas baja, primera y segunda de la edificación. En ella están representados artistas antiguos, como Zurbarán, del que se ofrece una espléndida *Santa Marina*, pero, sobre todo, hace un recorrido por la pintura española de los siglos XIX y principios del XX, desde el costumbrismo y el romanticismo hasta el preciosismo, el simbolismo y el realismo. Tres apartados pueden considerarse referidos a esta época, el paisaje costumbrista y romántico, con obras, entre otros, de Morano Carbonero y Guillermo Gómez Gil; el paisaje naturalista, con obras de Sorolla, Fortuny, Benlliure o Madrazo; y el fin de siglo, del que reúnen obras de Zuloaga, Gutiérrez Solana, Ramón Casas, Regoyos, Muñoz Degrain y Julio Romero de Torres.

▲ Patio y fachada del Museo Carmen Thyssen.

Museo Carmen Thyssen
- ⏱ B3
- ✉ Compañía, 10.
- ☎ 952 217 511.
- 🖥 www.carmenthyssen malaga.org
- 🕙 De martes a domingo, de 10 h a 20 h.
- 🎫 Entrada: 11 €.

Como prueba de la intención de los fundadores de convertirlo en uno de los focos principales de la cultura que se desarrolla en la ciudad, el museo, inaugurado en marzo de 2011, ha emprendido un intenso programa de actividades culturales que van desde programas para familias, con visitas guiadas a la exposición, a ciclos de flamenco, cursos de formación para guías turísticos o la colaboración con el Festival de Cine de Málaga, en una de cuyas sedes se ha convertido su salón de actos.

| CASA DEL CONSULADO

Contigua a la iglesia del Santo Cristo se halla la Casa del Consulado, que originariamente formaba parte del Colegio de los Jesuitas.

A lo largo de su historia ha sido sede de varias instituciones ciudadanas: en el año 1781 del Montepío de Socorro; en el año 1785 del Consulado del Mar, del que tomó su nombre y en 1856 de la Sociedad Económica de Amigos del País, que tenía por objeto promover la agricultura, la industria, el comercio y la educación. Actualmente, alberga la Oficina de Turismo de la Junta de Andalucía de Málaga centro. De su fábrica destaca la **portada** en mármol gris (siglo XVIII), de estilo barroco clasicista, atribuida a José Martín de Aldehuela, que intervino en la reestructuración del interior (1782), con un patio interior de forma cuadrangular y una balconada alrededor del mismo.

| CALLE DEL MARQUÉS DE LARIOS   *

Con su peatonalización, es ahora más que nunca el centro neurálgico de la ciudad y un lugar tradicional de encuentro, ya sea para pasear, tomar café, ir de compras o asistir a la Feria. Gracias al apoyo de los hijos del marqués de Larios fue abierta en 1886, buscando unir la plaza de la Constitución con el puerto. La ciudad levantó el **monumento al Marqués de Larios** al principio de la calle para mostrar así su agradecimiento. El proyecto urbanístico se debe a Joaquín de Rucoba, y el arquitectónico a Eduardo Strachan Viana-Cárdenas. El conjunto lo componen doce manzanas de casas de cuatro plantas y ático, con esquinas curvas y miradores de madera. Es de advertir la influencia de la escuela de Chicago.

| MONUMENTO A DON MANUEL DOMINGO LARIOS Y LARIOS

En la plaza de la Marina se levanta el monumento al marqués de Larios que, erigido por suscripción pública, fue inaugurado el día 1 de enero de 1899 y

---

▼ Monumento al ilustre personaje de la plaza de la Marina, al inicio de la calle de su nombre.

realizado por el escultor Mariano Benlliure. Presenta al marqués de Larios de pie, con los atributos propios de la clase burguesa a la que pertenecía, sobre un gran pedestal y flanqueado por dos figuras: un hombre que sostiene un pico y un azadón sobre el hombro, representando al Trabajo, y una mujer semidesnuda que presenta un niño en ofrenda al marqués, la cual se identifica con la ciudad de Málaga agradecida, como indica la placa en el monumento.

▲ La decoración navideña en la calle del Marqués de Larios es una belleza.

CASTILLO DE GIBRALFARO

Detrás de la Alcazaba se halla este castillo que se levanta en el cerro del mismo nombre, de origen muy remoto. Estaba unido a la Alcazaba por una coracha o camino protegido por murallas que en la actualidad se interrumpe cerca de aquella. La construcción data de la época de Abderramán I (756-788), pero se reconstruyó y adquirió su forma definitiva en el periodo nazarí (siglos XIV y XV).

Desde sus murallas se puede apreciar perfectamente la estructura de la ciudad y la evolución urbana que ha sufrido a lo largo de los siglos.

IGLESIA DE LOS SANTOS MÁRTIRES

Se encuentra situada en la plaza del mismo nombre. Esta iglesia fue fundada por los Reyes Católicos en el año 1487, bajo la advocación de los mártires malagueños y patronos de la ciudad, san Ciriaco y santa Paula, pero su construcción se llevó a cabo a lo largo del siglo XVI. En el siglo XVIII se remodeló, cubriéndose el interior con una decoración de yeserías, de modo que es la iglesia más representativa

Castillo de Gibralfaro

- B4
- Camino de Gibralfaro, 11.
- https://alcazabaygibralfaro. malaga.eu
- En verano, de 9 h a 20 h; en invierno, de 9 h a 18 h.
- El antiguo polvorín alberga el **Centro de Interpretación del Castillo,** en el que se da cuenta de su historia, a través, en primer lugar, de una gran maqueta de Málaga con la muralla que la rodeaba por completo en la época islámica y, seguidamente, con una exposición.
- Entrada: 3,50 €.

Iglesia de los Santos Mártires

- B3
- Plaza de los Mártires, 1.

del rococó en Málaga. Además es una de las iglesias más populares de la ciudad y sede de varias cofradías de Semana Santa, entre las que destaca la del Cristo de los Gitanos, cuya imagen despierta una gran devoción.

▮ IGLESIA DE SAN JUAN

Esta parroquia, situada en la calle de San Juan, fue fundada en 1487 y en ella destaca la **torre-pórtico,** construcción barroca del siglo XVIII que da acceso a la iglesia. A lo largo de este siglo también se tranformó el resto del templo. Es sede de varias cofradías de Semana Santa.

▮ MUSEO INTERACTIVO DE LA MÚSICA

En este museo, de carácter privado, se reúne una amplia y valiosísima colección de instrumentos musicales de todas las épocas, desde la Prehistoria hasta nuestros días, y de todo el mundo.

En la calle Muro de San Julián, se inauguró en 2010 el **Museo de la Semana Santa,** que integra la antigua iglesia de San Julián, en el que se exponen objetos litúrgicos, artísticos e históricos de la Semana Santa malagueña.

Iglesia de San Juan
- B-C2-3
- San Juan, 3.

Museo Interactivo de la Música de Málaga (MIMMA)
- B3
- Beatas, 15
- 952 210 440.
- www.mimma.es
- Consultar la web.
- Entrada: 6 €.

Museo de la Semana Santa
- B2
- Muro de San Julián, 2.
- 952 210 400.
- https://agrupacion decofradias.com

◄ Vista de Málaga desde el castillo de Gibralfaro.

········
Iglesia de San Felipe Neri
- 🔆 A3
- ✉ Cabello, 20.

········
Santuario de Nuestra Señora de la Victoria
- 🔆 A4
- ✉ Plaza del Santuario, s/n.
- ☎ 952 252 647.
- 🌐 https://visita.malaga.eu
- 🕐 De martes a viernes de 10 h a 13 h, sábado y domingo de 10 a 13.30 h.

········
Palacio del Conde de Villalcázar
- 🔆 C3
- ✉ Cortina del Muelle, 23.

IGLESIA DE SAN FELIPE NERI

Entre la calle de las Dos Aceras y la de Gaona, el edificio actual, construido entre 1720 y 1785, ofrece uno de los interiores más espectaculares de la ciudad, debido a su articulación espacial. La decoración sigue las líneas del barroco clasicista, con alguna nota rococó. La parte primitiva es una **capilla** de planta octogonal, a la que se añade un cuerpo elíptico con atrio, proyectado en 1775 por José Bada y Antonio Ramos, maestros de la catedral. La fase final de su construcción responde a un proyecto de Ventura Rodríguez, ejecutado por José Martín de Aldehuela.

SANTUARIO DE NUESTRA SEÑORA DE LA VICTORIA ✦✦

Situado en la plaza del Santuario, está ubicado sobre el campamento instalado por los Reyes Católicos durante el asedio de Málaga. En él se venera a la Virgen de la Victoria, la más antigua patrona de la ciudad. La actual iglesia, levantada a finales del siglo XVII, fue costeada por el conde de Buenavista, quien también sufragó el pórtico, el campanario, la sacristía, el camarín y los panteones. En su autoría cabe señalar a fray Alonso de Berlanga, que pudo intervenir en la iconografía y decoración, y sobre todo, al arquitecto Felipe de Unzurrúnzaga.

La disposición de esta iglesia, con la forma típica de la Contrarreforma, es solo un camino para acercarnos a la parte realmente espectacular de la edificación: el **altar mayor** y el conjunto **camarín-torre,** con su nivel inferior ocupado por la cripta-panteón de los condes de Buenavista. Esta **cripta-panteón de los Condes de Buenavista,** uno de los ámbitos necrológicos más tétricos de España, presenta una decoración en estuco blanco sobre fondo negro, con escalofriantes representaciones de la muerte en todas sus manifestaciones simbólicas. Entre ellas se hallan los dos monumentos sepulcrales de los condes. El **camarín,** octogonal y muy alto, está totalmente cubierto de espléndidas yeserías con decoración de hojas carnosas, flores, frutos, querubines, cartelas, símbolos marianos y espejos que reflejan a la Virgen en su trono central. La decoración de ambas construcciones, más la de la escalera que las une, forman un conjunto simbólico, alegórico y místico de una calidad excepcional.

PALACIO DEL CONDE DE VILLALCÁZAR

Este caserón, situado en la calle Cortina del Muelle, es singular en la ciudad por su fachada quebrada, siendo el resto de un conjunto de casas palaciegas construidas a finales del siglo XVII y muy reformadas, alrededor de 1725, por el arquitecto Felipe de Unzurrúnzaga. Desde 1991 alberga la **Cámara de Comercio,** tras una profunda restauración.

I **MUSEO UNICAJA DE ARTES Y COSTUMBRES POPULARES**
Situado en el pasillo de Santa Isabel, este museo se creó en 1975 por iniciativa de don Baltasar Peña Hinojosa y don Enrique García Herrera, académicos de la Real Academia de Bellas Artes de San Telmo. La Caja de Ahorros Provincial de Málaga acogió la idea y compró el edificio que lo alberga, el antiguo Mesón de la Victoria.

El edificio fue construido en el año 1632 y fue mesón, regentado por la comunidad franciscana del convento de la Victoria. Ha sufrido muy pocas transformaciones en su estructura arquitectónica, que está organizada en tres plantas alrededor de un patio cuadrado que tiene, en cada frente, tres arcos de medio punto sobre columnas toscanas sin basamento. En la planta baja estaban las caballerizas y los almacenes y en las superiores, los aposentos.

El Museo del mesón de la Victoria de Artes y Costumbres Populares conserva diversos materiales etnográficos relacionados con las actividades agrícolas, pesqueras y cotidianas. Destaca particularmente la colección de barros malagueños, pequeñas figuras de temas costumbristas (el bandolero, el jinete rondeño, la pareja de baile, etc.) realizadas en barro cocido y coloreadas posteriormente. Entre sus artífices deben mencionarse las familias de los Gutiérrez de León y de José Cubero.

En el museo se encuentra, asimismo, el **Archivo de Narciso Díaz de Escovar** (1860-1935), poeta y escritor malagueño, con interesante material sobre la Málaga de finales del siglo XIX y comienzos del XX.

I **MONUMENTO A MANUEL AGUSTÍN HEREDIA**
En la avenida del mismo nombre, este monumento, realizado por José Vilches durante la segunda mitad del siglo XIX en hierro colado, presenta al industrial malagueño en posición sedente, sobre un basamento con interesantes **relieves** alusivos al comercio y la industria de la ciudad.

I **ALAMEDA PRINCIPAL**
Este paseo fue abierto a principios del siglo XVIII, al urbanizarse el arenal formado a la desembocadura del río Guadalmedina. Está adornada por ficus centenarios y plátanos de Indias y delimitada por interesantes edificios de los siglos XVIII y XIX, en los que residía

Museo Unicaja de Artes y Costumbres Populares
- B-C2
- Plaza Enrique García Herrera, 1.
- 952 217 137.
- www.museoartes populares.com
- De lunes a viernes, de 10 h a 17 h; sábado, de 10 h a 15 h.
- Entrada: 4 €.

Monumento a Manuel Agustín Heredia
- D3
- Avda. de Manuel A. Heredia.

Alameda Principal
- C2-3

la alta burguesía industrial y comercial malagueña. Fue el centro ciudadano y lugar de paseo público de la Málaga decimonónica hasta la construcción del Parque. En el siglo xx, el nervio central de la Alameda se convirtió en una amplia calzada.

❙ MUSEO Y CENTRO DE ARTE CONTEMPORÁNEO (MuCAC)

Museo y Centro de Arte Contemporáneo (MuCAC)
🕐 D2
✉ Alemania, s/n.
ⓘ Informarse previamente de la reapertura de las instalaciones.

Ubicado en el antiguo Mercado de Mayoristas, el edificio del **Centro de Arte Contemporáneo (CAC)** se halla inmerso en un proceso de transformación con el objetivo de fusionarse con el Museo del Patrimonio Municipal (MUPAM), dando lugar al Museo y Centro de Arte Contemporáneo (MuCAC). El nuevo espacio tiene como propósito la ampliación de la colección permanente del antiguo CAC.

El CAC es un buen punto de partida para explorar el **Soho, Barrio de las Artes**, con llamativos grafitis, modernos negocios y centros de difusión de cultura y arte (galerías, teatros, etc.).

❙ JARDINES DE PICASSO

Jardines de Picasso
🕐 C1
✉ Avda. de Andalucía, s/n.

Situados al final de la prolongación de la Alameda o avenida de Andalucía, corresponden a los antiguos jardines de la Fábrica de la Aurora, una de las más importantes de la Málaga decimonónica. Es un bonito jardín en el que, además de araucarias, jacarandas y grevilleas, se distinguen unos hermosos ficus centenarios, provistos de robustas y originales raíces aéreas, que merece la pena ver, entre los cuales se ha colocado un monumento a Picasso.

❙ MONUMENTO A PABLO PICASSO ✱

Monumento a Pablo Picasso
🕐 C1
✉ Jardines de Picasso.

Obra en bronce del malagueño Miguel Ortiz Berrocal, fue encargada en 1971 por el Ayuntamiento de Málaga y terminada en 1976. Presenta una figura antropomorfa que simboliza a una mujer acostada al sol de Málaga y un corazón del que salen arterias que conforman el conjunto escultórico. El autor realizó una versión en pequeño formato, que tituló *Siéstasis.*

❙ MUSEO CASA NATAL PICASSO ✱

Museo Casa Natal Picasso
🕐 B3
✉ Plaza de la Merced, 15.
📞 951 926 060.
🌐 https://museocasanatal picasso.malaga.eu
🕐 Todos los días de 9.30 h a 20 h.
🎟 Entrada combinada Museo Casa Natal y exposición temporal: 4 €.

En el número 15 de la plaza de la Merced nació Pablo Ruiz Picasso el 19 de octubre de 1881. Durante la dictadura franquista, las autoridades malagueñas se encargaron de frustrar cualquier intento de acercamiento a la figura de Picasso, circunstancia que el régimen justificaba por la filiación comunista del pintor. Solo en 1961 un grupo de intelectuales consiguió instalar en la casa una modesta placa que recordaba la fecha del nacimiento del artista. Esta placa se

◀ ▼ Barrio del Soho y monumento a Picasso.

sustituyó en 1981, instaurada ya la democracia, por una de bronce de más empaque, realizada por el malagueño Miguel Ortiz. Poco después, la casa fue adquirida por el Ayuntamiento y, en 1988, se instaló en ella la Fundación Pablo Ruiz Picasso que, además de algunos recuerdos del genial pintor, conserva un importante fondo documental y bibliográfico, así como numerosas litografías de las obras del artista que figuran expuestas en las distintas salas.

PASEO DEL PARQUE ✴

Paseo del Parque
◔ C3-4

Se formó en terrenos ganados al mar como prolongación de la Alameda y fue promovido por Cánovas del Castillo. Las obras comenzaron en 1897.

El Parque no es un simple paseo ajardinado, sino un conjunto de más de 30 000 m² que se fue poblando de una flora tropical rara y exótica, hasta formar con el tiempo un bellísimo jardín, de gran interés botánico. En él podemos encontrar una gran variedad de plantas (ficus y palmeras de diferentes especies, plátanos orientales, palos borrachos, dragos...); además, entre sus frondas se esconden algunos **monumentos** de personajes célebres, entre los que se puede distinguir el de Cánovas del Castillo, y **fuentes** como la renacentista **de Génova** o la decimonónica **de las Tres Gracias.** El lado sur del Parque está limitado por el paseo de los Curas, alameda que bordea el puerto.

Ocupan el lado norte del Parque algunos edificios tan representativos como el **Ayuntamiento,** el **Banco de España** (1933-1936), de aspecto neoclásico, realizado por José Yarnoz, y el antiguo edificio de Correos, obra proyectada por Teodoro de Anasagasti durante 1916, que responde a la estética regionalista;

Fuente de Carlos V
🅞 B4
✉ Paseo del Parque, s/n.

Estatua de Cánovas del Castillo
🅞 C4
✉ Paseo del Parque, s/n.

Ayuntamiento
🅞 B4
✉ Paseo del Parque, s/n.

Museo del Patrimonio Municipal
🅞 B4
✉ Paseo de Reding, 1.
☎ 951 928 710.
🔗 http://museodelpatrimonio municipal.malaga.eu

▼ Palmeral de las Sorpresas, en el puerto.

hoy es sede del **Rectorado de la Universidad de Málaga** y cuenta con una sala de exposiciones. En el lado este del Ayuntamiento se hallan los **jardines de Pedro Luis Alonso,** diseñados por Fernando Guerrero Strachan (más geométricos y menos pintorescos que el Parque), y detrás, los **jardines de Puerta Oscura** (escalonados en la ladera de la Alcazaba), de un gran colorido, en los que se combinan elementos arquitectónicos y vegetales.

❙ FUENTE DE CARLOS V
En el paseo del Parque hallamos esta fuente renacentista construida en mármol, que la tradición considera genovesa. Está decorada con motivos acuáticos, mitológicos, niños con delfines, etc. En 1635, José Micael y Alfaro añadió el tercer basamento de estilo manierista.

❙ ESTATUA DE CÁNOVAS DEL CASTILLO
Continuando por el paseo vemos el monumento Cánovas del Castillo, obra de Jesús Martínez Labrador (1975). Presenta al político malagueño de cuerpo entero, con los rasgos de su fisonomía solo esbozados, lo que le da un carácter impresionista.

❙ AYUNTAMIENTO
Situada antiguamente en la plaza de la Constitución, la Casa Consistorial se trasladó a comienzos del siglo XX al recién inaugurado paseo del Parque.

El nuevo Ayuntamiento se construyó entre 1911 y 1919 siguiendo un diseño neobarroco, en línea con los regionalismos que estaban en auge en la época, y fue proyectado por los arquitectos Guerrero Strachan y Rivera Vera. La decoración escultórica, realizada por Palma García, alude a las actividades económicas de la ciudad.

En el interior, una **escalera** imperial permite el acceso a la planta noble, entre motivos y cristaleras modernistas. Entre otras dependencias, cabe señalar el **salón de los Espejos** y el **salón de Plenos.** Tampoco se debe olvidar su interesante patrimonio artístico, que cuenta con obras de artistas malagueños pertenecientes a los siglos XIX y XX.

❙ MUSEO DEL PATRIMONIO MUNICIPAL (MUPAM)
Reúne los fondos de pintura y escultura propiedad del Ayuntamiento malagueño. Guarda piezas de los siglos XV al XX, con abundante representación de los grandes pintores que ejercieron en Málaga en el siglo XIX. Junto con la sede del antiguo CAC, este edificio forma parte del proyecto del nuevo **Museo y Centro de Arte Contemporáneo (MuCAC).**

EL PUERTO ★★

Creado por los fenicios en la fundación de *Malaka,* el puerto malagueño es hoy uno de los más importantes de España. El **Muelle Dos,** frente a la plaza de la Marina, se ha convertido en el **Palmeral de las Sorpresas,** espacio lúdico y de paseo formado por un gran jardín de palmeras y otras plantas. Cuenta también con una gran pérgola que lo recorre casi en toda su longitud (450 m). En él se encuentra el **Museo Alborán**. El **Muelle Uno,** que discurre paralelo al paseo de la Farola, se ha transformado en una inmensa zona de ocio.

CENTRE POMPIDOU MÁLAGA ★★

En el pasaje Doctor Carrillo Casaux (Muelle Uno), se localiza el **Centre Pompidou,** visible fácilmente por tratarse de un gran cubo exento con las fachadas de colores. Sede del Centro Nacional de Arte y Cultura Georges Pompidou, constituye una especie de sucursal de esta importante institución y en él se muestra una formidable colección de pintura de los siglos xix y xx realizada, aunque no exclusivamente, principalmente en París, con artistas de la talla de Picasso, Francis Bacon, Frida Khalo, Fernando Leger o Chirico, entre otros.

● ● ● ● ● ● ●

Museo Alborán

- C4
- Aula Del Mar. Museo Alborania. Palmeral de las Sorpresas, Muelle 2.
- www.lwalboran.eu/museo-alboran
- Prevista su reapertura en 2025.

● ● ● ● ● ● ●

Centre Pompidou

- C4
- Pasaje Doctor Carrillo Casaux, s/n. Muelle 1.
- 951 926 200.
- https://centrepompidou-malaga.eu
- De 9.30 h a 20 h. Cierra martes excepto festivos y vísperas.
- Entrada: 9 €.

▼ Atardecer en el puerto de Málaga.

▲ Centre Pompidou Málaga.

Colección del Museo Ruso de San Petersburgo
- 🕐 (f.p.)
- ✉ Avenida Sor Teresa Prat, 15.
- ☎ 951 926 150.
- 🌐 www.coleccionmuseo ruso.es
- 🕐 De martes a domingo, de 9.30 h a 20 h.
- 🎫 8 €.

Museo Automovilístico y de la Moda
- 🕐 (f.p.)
- ✉ Edificio de la Tabacalera. Avenida Sor Teresa Prat, 15.
- ☎ 951 137 001.
- 🌐 https://museoautomovil moda.com
- 🕐 De 10 h a 14.30 h y de 16 h a 19 h.
- 🎫 10 €.

▌ COLECCIÓN DEL MUSEO RUSO DE SAN PETERSBURGO

En el antiguo camino de la Misericordia, hoy avenida de Sor Teresa Prat, en la que fuera **Real Fábrica de Tabacos** se ubica la **Colección del Museo Ruso de San Petersburgo,** sede o sucursal del Museo Estatal Ruso, con una interesantísima colección de pintura de artistas rusos de los siglos xix y xx, como Kandinsky, Olga Rosanova, Marc Chagall, etc. En otras dependencias de la Tabacalera se ha instalado el **Museo Automovilístico y de la Moda.**

▌ PLAYAS DE LA CIUDAD

Las playas de Málaga son otros lugares de interés que merece la pena visitar. Entre ellas destacan las de los paseos marítimos de **Ciudad de Melilla, Picasso, Pedregalejo** y **El Palo,** hacia levante, y las del paseo marítimo **Antonio Machado** hacia poniente, regeneradas y creadas en los últimos años. También hay que mencionar las *playas de El Chanquete* (donde se puede practicar el surf), la de la *Araña* y la del *Peñón del Cuervo.* Entre las dos primeras se encuentra el **puerto deportivo El Candado** y el más antiguo de la ciudad, en las instalaciones del **Club Mediterráneo,** junto a la Farola en La Malagueta.

▌ ALREDEDORES

Desde la Alcazaba, el parador de Gibralfaro y el castillo del mismo nombre se ofrecen unas hermosas vistas panorámicas de la ciudad. Una perspectiva opuesta, y también espectacular, se divisa desde el lugar que ocupa el faro del Morro.

En la desviación de la carretera a Coín, en **Churriana,** se encuentran los **jardines de la Cónsula.**

▲ Playa de la Malagueta.

El edificio data del año 1856. Fue construido por Juan Roz, cónsul de Prusia en Málaga. Lo más interesante de este jardín es la gran variedad de especies botánicas de origen tropical que contiene. En 1970 fue adquirido por el Ayuntamiento y en él se ha instalado la Escuela de Hostelería de Málaga.

Por otro lado, los ***Montes de Málaga*** constituyen un ***parque natural*** de gran belleza. Subiendo por la Cuesta de la Reina, a 19 km de la ciudad y a 1.000 m de altitud, se contempla una espléndida panorámica de Málaga y su campiña, especialmente los días de terral (viento del norte), por la pureza del ambiente. De esta carretera nacen caminos forestales que se adentran en los bosques, ideales para practicar el senderismo o dar un paseo en bicicleta, o simplemente pasar un día en el campo.

También en la zona norte, siguiendo la carretera de las Pedrizas (N 331), hay varios parajes de interés como la **hacienda de la Concepción**, con un **jardín botánico-histórico** interesante. La finca, que toma su actual fisonomía en 1850, integra en su interior una espléndida colección de especies exóticas (dragos, azahares de la China, plátanos de sombra, enormes ficus, aves del paraíso, bambúes, etc.) presididas por una mansión de estilo ecléctico. La exuberancia del jardín permitió el rodaje de películas como *Los últimos de Filipinas,* entre otras. En medio del jardín se halla el edificio del antiguo **Museo Loringiano**, nombre del lugar que albergaba la colección de piezas arqueológicas reunida en la segunda mitad del siglo XIX por los marqueses de Casa-Loring. Casi todos los elementos de la colección se exponen en la actualidad en el Museo de Málaga.

Jardín Botánico-Histórico de la Concepción

- (f.p.)
- Camino del Jardín Botánico, 3.
- 951 926 180.
- http://laconcepcion. malaga.eu
- Consultar antes de la visita.

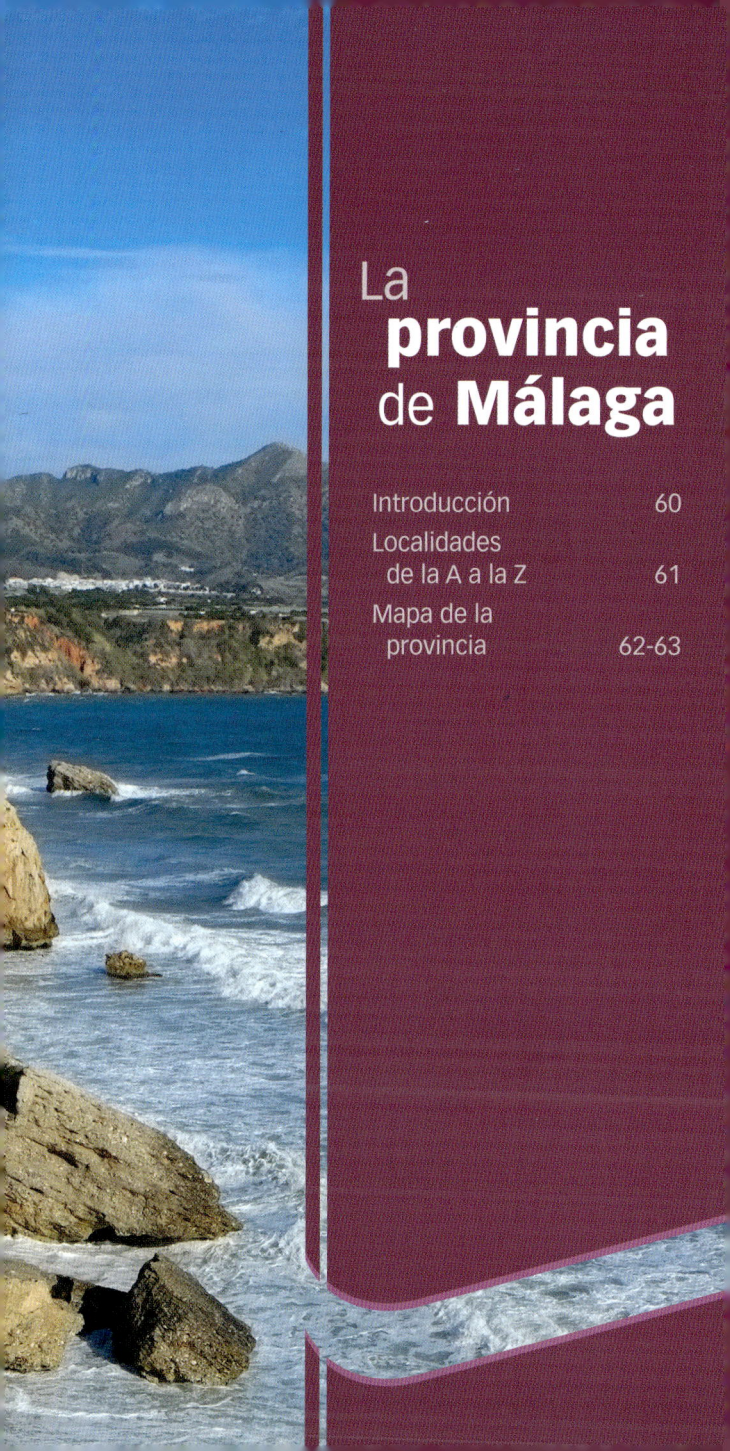

La **provincia** de **Málaga**

Planificación de la visita

Para facilitar las visitas, las principales localidades de la provincia de Málaga disponen de un **plano** en el que se consignan sus principales monumentos y visitas de interés.

El símbolo ⬤ remite a la localización en el plano de cada monumento o lugar comentados. Las estrellas (**✱** o **✱✱**, **✱** o **✱✱**) hacen referencia a su importancia o especial interés.

▶ Vista de la Alcazaba de Antequera e interior del dolmen de Menga.

▍Introducción

Málaga se encuentra situada en el sur de la península Ibérica, junto al litoral mediterráneo. Goza de un extraordinario clima, si bien la variedad geográfica de la provincia hace que este sea muy diferente según se trate del interior montañoso o de la costa. Es precisamente la variedad geográfica la que propicia la gran diversidad que muestra Málaga. El interior cuenta con grandes localidades de una gran riqueza histórica, monumental y paisajística; es el caso sin parangón de Ronda, Antequera o Archidona. En cuanto a la costa, está llena de ciudades que sin perder el atractivo de lo arquitectónico y monumental también ofrecen la oportunidad de disfrutar de las playas de agua cálida del Mediterráneo; son ciudades como Marbella, con su lujoso Puerto Banús, Estepona, Fuengirola, Benalmádena, Nerja, San Pedro de Alcántara, Torremolinos o Vélez-Málaga. Sin embargo, la provincia de Málaga aún ofrece más al visitante, como los pequeños pero singulares pueblos blancos del interior: Mijas, Casares, Ardales, Frigiliana o tantos otros. Todo ello ha traído como consecuencia que Málaga y la Costa del Sol sean hoy uno de los focos de atracción turística más importantes del mundo. Lugar de cita de las más diversas gentes, desde multimillonarios que atracan sus yates en los puertos malagueños, hasta aquellos que simplemente buscan descanso en las playas, entretenimiento recorriendo la provincia o diversión en la siempre alegre noche mediterránea.

Localidades de la A a la Z

ANTEQUERA *

Es una importante población situada a 45 km de Málaga capital y de la costa, en el corazón de Andalucía, al pie del Paraje Natural de El Torcal. Esta zona fue habitada desde muy antiguo, como demuestran sus restos arqueológicos. De la Edad del Bronce son los **dólmenes de Menga y Viera****, y el *tholos* **del Romeral****, uno de los conjuntos megalíticos más importantes de España. Junto a los parajes naturales de la peña de los Enamorados y el Torcal, fueron declarados por la Unesco en 2016 Patrimonio Mundial.

Durante la dominación romana recibió el nombre de Antikaria. Del periodo musulmán quedan restos de murallas y la **antigua Alcazaba**, con su torre de homenaje, a cuyos pies se encuentra el **arco de los Gigantes**, puerta de acceso adornada con varias lápidas romanas. Fue la primera ciudad de la actual provincia de Málaga reconquistada por los cristianos y tomada en 1410 por el infante don Fernando.

El siglo XVI fue una época de gran auge económico y cultural para la ciudad, existió una cátedra de Gramática y se formó un importante grupo de poetas manieristas y barrocos. En el campo de las artes plásticas, fueron los siglos XVII y XVIII los de mayor interés.

En cuanto a su patrimonio se conservan numerosos **palacios**, como el de los **Marqueses de la Peña de los Enamorados**, del siglo XVI, con las características torres miradores, el del **Marqués de las Escalonias** (siglo XVII), con un jardín de reminiscencias islámicas, y la **Casa de los Pardo**. Del siglo

---

Oficina de Turismo de Antequera

- ✉ Encarnación, 4.
- ☎ 952 702 505/ 708 305.
- 🌐 https://turismo.antequera.es
- 🕐 De lunes a sábado y festivos de 9 h a 18.30 h, domingo de 10 h a 14 h.

Antigua Alcazaba
📍 C-D3

Arco de los Gigantes
📍 C3

Palacio de los Marqueses de la Peña de los Enamorados
📍 C3

ANTEQUERA

[Map of Antequera with the following labels:]

Estación FF.CC.
Camino de Campos
Avenida de la Estación
a Córdoba
Camino de Alhambra de Granada
Ciudad de Mérida
Ciudad de Mérida
Av. Málaga
a Málaga y Granada
Cerro s. Joaquín
Avda. de la Cruz Blanca
Parador de Turismo
Miraflores
Espárteros
Obispo
Alta
Casco
Cta. de Archidona
Córdoba
Cazorla Puerta de Granada
Estación Autobús
Av. Cruz Blanca
San Pedro
Alta
Juan
Pedro
Plaza de Santiago
Santiago
La Moraleda
Porterías
La Trinidad
Iglesia de San Pedro
San Martín
Sta.
Plaza de S. Pedro
Muñoz
Carrera
Fresca
Zacatín
Zacatín
Merecillas
San Isidro
Clara
Pza. de San Francisco
Calzada
Madre Carmen
Palacio de los Marqueses de la Peña de los Enamorados
Plaza de Toros
Merecillas
Cantareros
Diego Ponce
Museo de Arte de la Diputación (MAD)
Plaza de las Descalzas
Rojas
Alameda de Andalucía
a Sevilla
Los Remedios
Ayuntamiento
Infante D. Fernando
La Encarnación
San Sebastián
Encarnación
Palacio de Nájera (Museo Municipal)
Plaza del Carmen
Plaza de Castilla
San Bartolomé
Aguardenteros
Carreteros
S. Agustín
Pl. San Sebastián
Nueva
Pl. Zapateros
Coso Viejo
Real Colegiata de Sta. Mª la Mayor
Arco de los Gigantes
Avda. Pío XII
Avenida de la Legión
Picadero
Higueruelos
Las Peñuelas
Camberos
Peñuelas
Calderones
Herradores
Alcazaba
Plaza de Capuchinos
Camino de los Capuchinos
San Miguel
Yadillo
San Miguel
Plaza del Portichuelo
Cta. Verónica
Pl. de Jesús
Sta. María de Jesús
El Portichuelo
Estrada
Iglesia de San Juan
Plaza del Espíritu Santo
al Torcal

XVIII son la **Casa de los Colarte**, sede del **Museo MAD Antequera**, que llama la atención por la caliza roja del Torcal con la que se construyó el cuerpo inferior de la portada, y el **palacio del Conde de Pinofiel**, bella pieza barroca construida en 1762 por Juan Navarrete, transformada en un hotel de lujo.

Entre los edificios religiosos, en la ciudad con más iglesias de toda España, cabe centrar la visita en los templos declarados Monumento Nacional. La **Real Colegiata de Santa María la Mayor**, siglo XVI,

Cita de Enrique IV con la muerte

Se cuenta que el rey Enrique IV, al final de su reinado, acudió a Antequera con la intención de sustituir al alcalde de la ciudad, Hernando de Narváez, por un hombre de su entera confianza.

Entra el monarca, viejo y débil, con un pequeño séquito en Antequera, y una vez allí es conducido a la iglesia mayor. Para sorpresa real, la iglesia tiene por adorno lúgubres paños de luto y se encuentra abarrotada de gente en actitud hostil. En un ataúd abierto está el cadáver momificado de don Rodrigo de Narváez, primer alcalde de Antequera, que sostiene entre sus manos las llaves de la ciudad.

En representación del pueblo, una mujer se dirige al asustado rey y le acusa de la desastrosa situación que atraviesa la comarca, a la vez que le recuerda los méritos del actual alcalde, descendiente de don Rodrigo Narváez. Finalmente, en medio de un ambiente cada vez más tenso, la mujer le dice al monarca que saque de las manos del cadáver las llaves de la ciudad si es que quiere entregárselas a un nuevo alcalde. Enrique IV, aprensivo y demudado, rechaza la oferta, confirma a Hernando de Narváez en su alcaldía y prácticamente huye de lo que desde entonces se conoce como la "Cita de Enrique IV con la muerte".

posee imponentes columnas jónicas y un artesonado mudéjar; la **iglesia del Carmen** (siglos XVI-XVIII) atesora uno de los mejores retablos barrocos, un artesonado mudéjar del XVI y una rica colección de imágenes policromadas, y la **iglesia de los Remedios** (siglo XVII) conserva las pinturas al temple que decoran las paredes y bóvedas del interior.

Otros edificios religiosos también muy interesantes son las **iglesias de San Sebastián** (siglo XVI), con su torre barroco-mudéjar culminada por el Angelote, y **Santa María de Jesús** (siglo XVI), por su llamativa fachada de ladrillo visto. No hay que olvidar tampoco las capillas abiertas en las calles, como la del **Portichuelo** o la de la **Cruz Blanca**.

El **Museo de la Ciudad de Antequera** está instalado en el palacio de Nájera (siglos XVI-XVIII) y alberga piezas de varias épocas; desde restos romanos, entre los que destaca el *Efebo de Antequera*★★, hasta la pintura actual, con una sala dedicada al pintor antequerano Cristóbal Toral. Sin embargo, la riqueza del museo se centra en el arte sacro comprendido entre los siglos XVI y XIX, sobresaliendo la imagen de *San Francisco de Asís*★ de Pedro de Mena.

Se recomienda una visita al *Paraje Natural del Torcal de Antequera*★★, a 13 km de la ciudad, formación pétrea de árida belleza llena de desfiladeros angostos y piedras de fantásticas formas. Hay recorridos indicados.

Museo de la Ciudad de Antequera
- C3
- Palacio de Nájera. Plaza del Coso Viejo.
- 952 708 300.
- https://museoantequera.es
- De lunes a domingo de 10 h a 18 h.
- 3 €.

Centro de Visitantes del Torcal de Antequera
- Ctra. de acceso al Torcal.
- 952 243 324.
- www.torcalde antequera.com

Oficina de Turismo de Archidona

Plaza Ochavada, 2.
952 716 479.
www.archidona.es

ARCHIDONA

Se halla la población a 50 km de Málaga hacia el interior y a 20 km de Antequera, en la ladera de la sierra de la Virgen de Gracia. La configuración urbana, de forma triangular, se adapta a los desniveles del terreno, conservando muchas calles con grandes pendientes y casas escalonadas. La población está declarada Conjunto Histórico Artístico desde 1980.

Aunque el origen de Archidona es muy antiguo, su importancia comenzó con la *Arcis Domina*, "señora de la altura" (de donde deriva el nombre actual) de los romanos. Fue importante en época musulmana por su valor estratégico (origen de la Villa Alta), convirtiéndose en la capital de la cora de Rayya (equivalente a lo que hoy sería la provincia). El **castillo árabe** (siglos IX-XIII) que se conserva contiene la única mezquita musulmana que queda en la provincia malagueña. Fue reconquistada en 1462 por la orden de Calatrava y hasta el siglo XIX fue señorío del conde de Ureña.

Entre sus edificios monumentales cabe destacar la **plaza Ochavada,** construida entre los años 1780 y 1789 por los alarifes locales Francisco Astorga y Antonio González Sevillano. Es de ladrillo y de inspiración francesa –relacionada con la plaza de Montauban–, con algunos resabios mudéjares y populares. En una de sus fachadas se ha descubierto

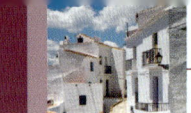

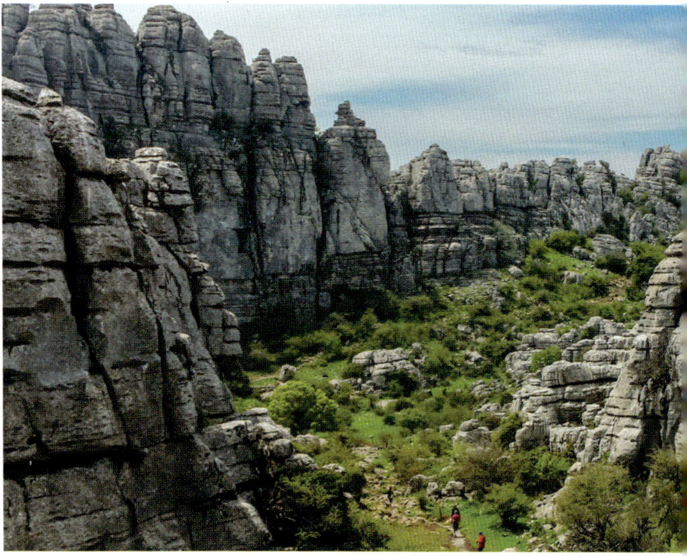

▼ Paraje Natural del Torcal de Antequera.

una iglesia mozárabe. Otro edificio de interés es la **Cilla**, antiguo depósito de grano, del siglo XVI, con una portada del XVIII, que en la actualidad alberga el Ayuntamiento y las **Escuelas Pías.**

En cuanto a edificios religiosos, además del **hotel-convento de Santo Domingo** (siglo XVI), sobresalen el **convento de Monjas Mínimas** (siglo XVI), del arquitecto Cristóbal García; la **iglesia de la Victoria** (siglo XVI), la **iglesia de Santa Ana**, gótica del siglo XVI aunque reformada en el XIX; la **iglesia del Nazareno** (siglo XVII), con una importante talla y, en especial, la **ermita de la Virgen de Gracia,** antigua mezquita califal del siglo XII, única en la provincia, convertida en templo cristiano en 1462 y ampliada y reformada en los siglos XVII y XVIII.

Entre Archidona y Antequera se encuentra la *peña de los Enamorados*,* majestuosa roca en la que se pueden apreciar los rasgos de un perfil humano. El nombre le viene de una leyenda, según la cual, la hija del alcaide musulmán de Archidona se enamoró de un joven cristiano con quien huyó al saber que su padre pretendía desposarla con un rico moro. En la huida se refugiaron en la peña, desde la cual se precipitaron al comprender que todo estaba perdido.

Otros enclaves de interés natural son la *hoz del Arroyo Marín* y las *lagunas de Archidona,* que fueron declaradas Reserva Natural.

Oficina de Turismo de Benalmádena

✉ Antonio Machado, 78 (interior del Castillo El Bil Bil).

☎ 952 442 494.

🖰 https://turismo.benalmadena.es

Sea Life Benalmádena

✉ Puerto Marina.

☎ 952 560 150.

🖰 www.visitsealife.com

I BENALMÁDENA

Está situada en las estribaciones de la sierra de Mijas, a 20 km de Málaga hacia poniente. Comprende los barrios de Arroyo de la Miel y Benalmádena-Costa, además del pueblo propiamente dicho. Su nombre es de origen árabe y significa hijos de las minas, aunque su fundación es más antigua, pues los fenicios y los romanos estuvieron anteriormente en esta costa. De Benalmádena era el sabio musulmán Ibn al-Baitar, que vivió en el siglo XII, fue médico de Saladino y murió en Damasco en el año 1248.

En **Arroyo de la Miel** se conservan las ruinas de un **arco romano** que, en la actualidad, da entrada al edificio La Tribuna, y en su plaza se hallan los restos de una antigua **mezquita**. El barrio surgió en el siglo XVIII, alrededor de unas instalaciones industriales y un ingenio azucarero.

El pueblo de Benalmádena fue conquistado en 1485 por los Reyes Católicos, quienes destruyeron su castillo árabe, aunque después fuera reconstruido. Benalmádena se convirtió, entonces, en capitanía para la defensa de la costa. Son célebres los mármoles de sus canteras.

Benalmádena-Costa es otro de los núcleos que ha crecido rápidamente impulsado por la actividad turística. Esto ha movido al Ayuntamiento a promocionar la construcción del puerto deportivo **Puerto Marina,** que acoge galerías comerciales, restaurantes y numerosos locales de diversión nocturna. Allí se encuentra instalado el acuario **Sea Life Benalmádena.**

Si se considera el aspecto monumental, en la costa quedan restos de tres torres vigías: la **torre del Muelle** (siglo XVI), inmersa actualmente en una urbanización moderna del mismo nombre, donde se encuentra el pueblo andaluz proyectado por Pedro Aparicio y José Carlos Villaro (1974); **torre Quebrada** (siglo XVI), que da nombre al Casino de juego instalado en sus cercanías; y la **torre Bermeja**, musulmana, levantada durante el siglo XIV.

El pueblo de Benalmádena conserva también algo de su antigua estructura. Es el típico pueblo andaluz, blanco y muy cuidado. Posee un interesante **Museo de Arte Precolombino** en el que se exhiben piezas de culturas americanas precolombinas procedentes de varias donaciones, entre las que destaca la de Felipe Orlando García. Muestra, también, piezas arqueológicas halladas en su término municipal.

Benalmádena goza de excelente infraestructura para el esparcimiento y el tiempo libre, con instalaciones como el **Casino de Torrequebrada,** en el término municipal de Benalmádena. Un **teleférico** sube hasta el *monte Carramolo,* desde donde se obtienen unas magníficas panorámicas de la costa y existen varios recorridos para la práctica del senderismo. Completa la oferta de ocio el **Selwo Marina** (parque de la Paloma), el primer delfinario y pingüinario de Andalucía.

Las *playas* más importantes de Benalmádena son las de *La Fuente de la Salud, Malapesquera, Torrebermeja, Cajón* y *Santa Ana.*

• • • • • • • • •
Museo de Arte Precolombino Felipe Orlando
✉ Plaza de las Tres Culturas.
☎ 952 448 593.
🖥 www.benalmadena.es

◀ Vista de Puerto Marina, en Benalmádena.

**Oficina de Turismo
de Rincón de la Victoria**

- ✉ Paseo Marítimo Virgen del Carmen. Avda. del Mediterráneo, 140. Antigua estación de ferrocarril.
- ☎ 952 407 768.
- 🖥 www.turismoenrincon.es

Cueva del Tesoro

- ✉ Avda. de Picasso, 21. Urb. Cantal Alto.
- ☎ 952 406 162.
- 🖥 www.turismoenrincon.es
- ⏱ Todos los días. Pases guiados, en horario de mañana y tarde, desde las 10 h. Último pase a las 17 h (a las 19 h en verano).

┃ CALA DEL MORAL Y RINCÓN DE LA VICTORIA

Estas dos localidades están situadas muy cerca de la capital malagueña, en dirección a levante.

Los primeros pobladores de estos lugares debieron llegar en una época muy remota, como lo prueban las **cuevas de la Araña,** del Mesolítico, la **de la Victoria,** con pinturas de la Edad del Bronce, y la **del Higuerón** o **del Tesoro,** del Paleolítico superior, halladas entre estas dos localidades y con importantes pinturas rupestres. En la subida hacia Benagalbón se han localizado **ruinas** de una fortaleza romana y restos de cerámica del periodo bizantino.

Hasta llegar al siglo XIX no empiezan a aparecer fincas y ventas, comienza a poblarse la zona y se construye un **fuerte** llamado **de Bezmiliana** o de la Victoria, que hoy es una sala de exposiciones.

Por Almayate hay una desviación que nos lleva a **Macharaviaya,** pueblo de origen árabe, que alcanzó un gran esplendor en el siglo XVIII gracias a la familia de los Gálvez. Don José Gálvez, marqués de Sonora, fundó la **Real Fábrica de Naipes,** que surtía al mercado de América, y encargó al arquitecto Miguel del Castillo la construcción de la iglesia en el año 1783. Gálvez fundó la ciudad de Galveston en Texas. En Macharaviaya nació también el poeta malagueño Salvador Rueda.

Hay que mencionar, por último, las **torres de la Araña, del Cantal, de Benagalbón** y **de Chilches,** en la actualidad rodeadas –mejor sería decir casi ahogadas–, por modernas urbanizaciones, y los 9 kilómetros de playa de arena fina del Rincón de la Victoria.

▼ *Fishing Day*, mural de José Fernández Ríos, en Estepona.

El Salto de la Novia

Hay en Estepona una peña que es conocida como la del Salto de la Novia. El nombre tiene su origen en una leyenda sobre una humilde doncella, a la que hace cuatro o cinco siglos sus padres prometieron con un joven de familia ilustre al que la muchacha no amaba.

No se atrevió la joven a contradecir a sus padres. Así que calló su pena. Pero en el último momento, cuando llegó el día de la boda y se vio ataviada con su traje de novia, adornada con diadema y joyas, no lo pudo resistir y huyó de la casa paterna, ante los sorprendidos invitados y familiares, que la siguieron hasta el pie de una peña. Atónitos, la vieron subir por las piedras, dejándose atrás jirones de su traje nupcial, y todavía más sorprendidos y temerosos vieron a la joven llegar a la cima, asomarse al vacío y finalmente arrojarse contra el fondo pedregoso. De ese modo puso fin a su silenciada pena la joven doncella, quitándose la vida antes que contradecir a su padre.

A la peña se la conoce desde entonces con el singular nombre que ya hemos mencionado, aunque hay quien otorga el protagonismo de tan lamentable suceso a otro paraje, llamado Punta de la Doncella, situado a la orilla del mar.

· · · · · · · ·
**Oficina de Turismo
de Estepona**
✉ Plaza de las Flores, s/n.
☎ 952 802 002.
🖳 https://turismo.estepona.es

❙ ESTEPONA

Esta villa se halla a 82 km de Málaga hacia poniente, junto al mar, protegida por la sierra Bermeja. Poblada por fenicios y romanos, como demuestran los restos de la desembocadura del río Guadalmansa, que podrían pertenecer a la Salduba romana, fue en el siglo X cuando los árabes fundan la ciudad de Estebbuna, origen de la actual Estepona.

En el siglo XV, Enrique IV, en una de sus incursiones, arrasó la villa y su fortaleza. Posteriormente, en el siglo XVI, se construyó el castillo de San Luis, alrededor del cual, durante el siglo XVII, fue creciendo la población actual. En 1729 consiguió el título de villazgo y se separó de Marbella. En este mismo siglo se derribó el castillo para facilitar el crecimiento de la población.

Como lugar turístico que es, han proliferado tranquilas urbanizaciones a lo largo de sus 21 km de costa, donde destacan las **playas de La Galera, Bahía Dorada, del Cristo, La Rada** y **Costa Natura**. No por ello ha sucumbido su casco antiguo de calles andaluzas, que giran en torno a la frescura que emana de la bonita **plaza de las Flores**. Un laberinto blanco que llena de encanto a esta ciudad, donde se sumergen los **restos del castillo de San Luis,** construido por los Reyes Católicos, el antiguo alminar de una mezquita árabe convertido hoy en la **torre del Reloj,** la **iglesia de los Re-**

▲ Vista de Fuengirola.

medios con su portada de clara influencia colonial, y la **casa-palacio**, del siglo XVIII, **de los Marqueses de Mondéjar.** A este encanto andaluz se le suma una completa oferta cultural aposentada en su peculiar **plaza de toros,** en la que se ubican cuatro **museos** municipales: **Paleontológico, Etnográfico, Taurino, Imagen y Sonido,** además de la **casa Tejerina,** que alberga el **MAD Estepona** (arte contemporáneo) y la **casa del Aljibe,** con el **Museo Arqueológico.** En el parque de los Pedregales se construyó un edificio para trasladar la **necrópolis prehistórica de Corominas.** En su interior se ha reconstruido la topografía del yacimiento, incluyendo los cinco dólmenes en su posición original.

Otras ofertas son el parque de naturaleza *Selwo Aventura,* o la **Escuela de Arte Ecuestre Costa del Sol.** No hay que dejar de ver tampoco el *paraje natural de Los Reales de Sierra Bermeja,* un marco de alto valor ecológico con varias rutas, entre las que destaca el paseo de los Pinsapos.

FUENGIROLA

Esta población se halla ubicada al pie de la sierra de Mijas, a 30 km de Málaga hacia poniente. Fue conocida por los bástulos, los fenicios, los cartagineses y los romanos, quienes la llamaron *Suel;* más tarde, los árabes la denominaron *Sohail.* El nombre de Fuengirola procede, al parecer, de las gironas o barcos bolicheros de los genoveses y levantinos que venían a sus aguas a pescar el boquerón y la sardina. Antiguo pueblo de pescadores, hoy se ha convertido en un emporio turístico que ha cambiado su fisonomía primitiva por completo.

Museos Paleontológico, Etnográfico, Taurino, Imagen y Sonido
✉ Matías Prats, 110. Plaza de Toros.
☎ 952 807 148.
🖥 https://turismo.estepona.es

Oficina de Turismo de Fuengirola
✉ Paseo Marítimo, 32. Plaza Theresa Zabell.
☎ 952 467 457.
🖥 https://turismo.fuengirola.es

Comprende las barriadas de **Carvajal,** la urbanización **Torreblanca** y el barrio de pescadores de **Los Boliches,** unidos por un paseo marítimo común. En la salida de Fuengirola hacia Marbella, se ve el **faro de Calaburras,** en el cabo del mismo nombre.

El **castillo de Sohail,** de origen árabe, es su monumento más representativo. El califa Abderramán III mandó edificar en el siglo X una torre almenara, que los almorávides convertirán dos siglos más tarde en un castillo. Fue restaurado después de la Reconquista para formar parte de la línea defensiva de torres vigías costeras, y dotado por Carlos I de unos cañones que hoy se conservan en una de las plazas de la localidad. El castillo fue utilizado por los franceses como baluarte, durante la Guerra de la Independencia. Hoy es un espacio para la celebración de eventos culturales, además de poseer un museo con maquetas del castillo.

En Fuengirola hay que visitar también el **Bioparc,** uno de los mejores zoos de Europa, y los **yacimientos romanos de la Finca del Secretario** y las **termas de Torreblanca**.

▼ Vista de Marbella.

A lo largo de todo su litoral se disponen sus playas alargadas y unidas, de arena fina, equipadas con sombrillas, hamacas y restaurantes populares. En Fuengirola, como en el resto de la parte occidental de la costa, existen numerosos y variados restaurantes, discotecas y todo tipo de servicios.

▎MARBELLA ✶✶

La ciudad de Marbella es una de las más hermosas de la Costa del Sol. Se halla a 56 km de Málaga, hacia poniente, al pie de la sierra Blanca, que la protege de los vientos del norte y propicia la benignidad de su clima, fundamento de su gran desarrollo turístico.

Quedan en su término municipal numerosos restos romanos, entre los que sobresalen las ruinas de una **villa romana** a orillas del río Verde, quizás perteneciente a la antigua ciudad de **Salduba** (siglos I y II), las ruinas de unas termas conocidas como **Las Bóvedas** y los restos de la **basílica** paleocristiana de **Vega del Mar** (siglo VI) en San Pedro de Alcántara. En la época árabe era una plaza fuerte,

Oficinas de Turismo de Marbella

✉ Glorieta de la Fontanilla, s/n.
☎ 952 768 760.
✉ Plaza de los Naranjos, s/n.
☎ 952 768 707.
🖥 https://turismo.marbella.es

con fisonomía propia. Los Reyes Católicos la tomaron en 1485 y le dieron el rango de ciudad y un extenso territorio.

En el siglo XVIII experimentó un relanzamiento económico que originó un ensanche de la ciudad, con la creación del barrio Alto o de San Francisco, de trazado ortogonal y amplias mansiones. Durante el siglo XIX se incrementa el crecimiento económico y demográfico, relacionado con el auge de la minería y con la instalación de los Altos Hornos del Ángel

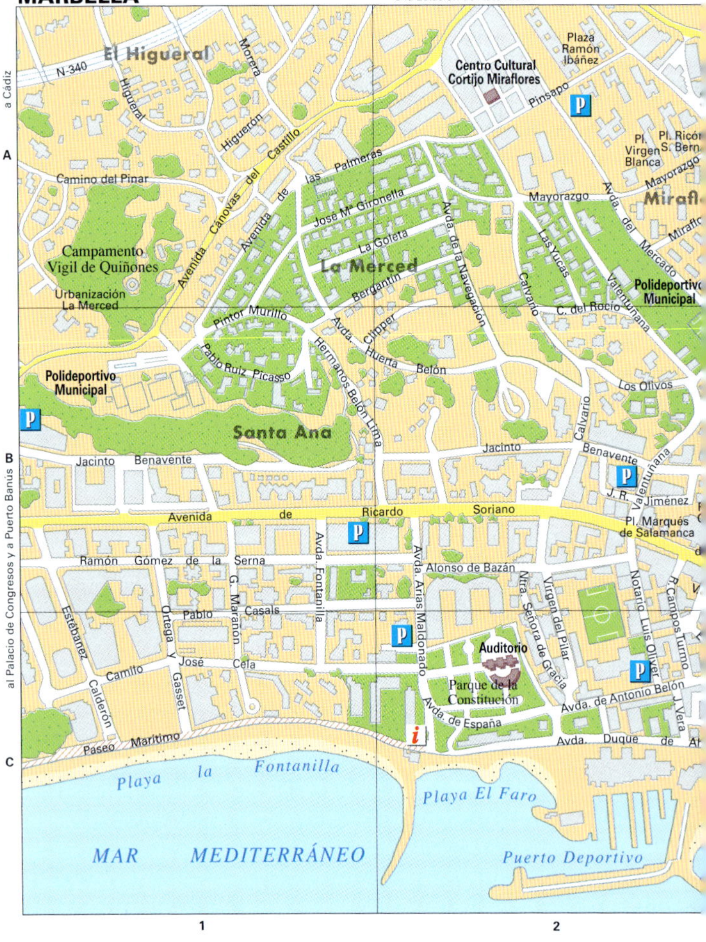

MARBELLA

a la Estación de Autobuses

El Higueral
N-340
a Cádiz
Camino del Pinar
Higueral
Morera
Higuerón
Castillo
del
Palmeras
las
de
Avenida
José Mª Gironella
Cánovas
Avenida
La Goleta
La Merced
Bergantín
Pintor Murillo
Clipper
Avda.
Huerta
Pablo Ruiz Picasso
Hermanos Belón Lima
Belón

Campamento
Vigil de Quiñones
Urbanización
La Merced

Polideportivo
Municipal

Santa Ana

Jacinto Benavente
Jacinto
Avenida de Ricardo Soriano
Ramón Gómez de la Serna
Avda. Fontanilla
Avda. Alonso de Bazán
G. Marañón
Ortega y Gasset
Pablo
José
Cela
Camilo
Calderón
Estébanez
Paseo Marítimo
al Palacio de Congresos y a Puerto Banús

Centro Cultural
Cortijo Miraflores

Plaza
Ramón
Ibáñez
Pinsapo
Pl.
Virgen
Blanca
Pl. Ricón
S. Bern
Mayorazgo
Mayorazgo
Avda. del Mercado
Miraf
Miraf
Las Viñas
Chivano
C. del Rocío
Polideportivo
Municipal
Los Olivos
Calvario
Benavente
R. Ventu...
J. R.
Pl. Marqués
de Salamanca
Notario Luis Oliver
R. Campos Turmo
Vera
Virgen del Pilar
Ntra. Señora de Gracia
Avda. de Antonio Belón
Avda. Duque de A
Auditorio
Parque de la
Constitución
Avda. de España

Playa la Fontanilla
Playa El Faro

MAR MEDITERRÁNEO
Puerto Deportivo

A

B

C

1

2

y de la Concepción, dando así lugar a la creación del barrio para obreros del ya por entonces Barrio Nuevo y utilizándose la zona sur del parque de la Alameda como almacén de mineral.

La decadencia de las fundiciones de hierro llevó a Marbella a un estancamiento urbanístico en la primera mitad del siglo XX, hasta que, a partir de 1960, su clima privilegiado la convirtió en el lugar de recreo y ocio de los grandes magnates de la política, el deporte, las finanzas y el espectáculo.

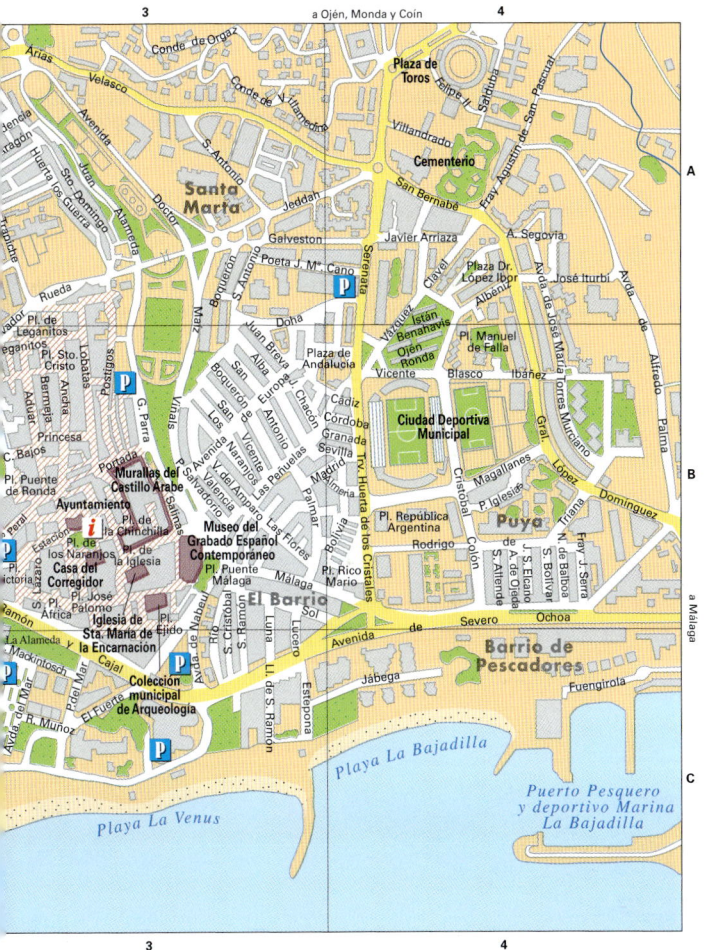

• • • • • • • • •
Puerto Deportivo de Marbella
🕐 C2

• • • • • • • • •
**Puerto Deportivo-Pesquero
de Marina La Bajadilla**
🕐 C4

• • • • • • • • •
Plaza de los Naranjos
🕐 B3

▼ Paseo junto al mar,
en Marbella.

Posee cuatro puertos deportivos: **Marbella,** el deportivo-pesquero de **Marina La Bajadilla,** ambos en el casco urbano; el de **Cabopino,** hacia levante, y **Puerto Banús,** hacia poniente. Tiene una moderna **plaza de toros,** Nueva Andalucía, proyectada en 1965 por Luis María de Gana, pero en la que no se celebran corridas de toros, sino grandes conciertos y espectáculos diversos.

Entre los edificios religiosos sobresalen, por su originalidad, la **iglesia de la Ciudad Sindical de Marbella** (1958), de Manuel Aymerich y Juan Cadarso, y la moderna **mezquita,** de Juan Mora, erigida por el aumento de la población islámica.

Por otra parte, desde el punto de vista urbanístico, hay que destacar el conjunto del **centro histórico** de la población, que ha conservado su estructura medieval de calles estrechas, casas blancas, y cuyo perímetro amurallado se aprecia todavía en algunos puntos (calles Portada, Salinas, Trinidad y Carmen). En el centro se halla la **plaza de los Naranjos,** bordeada por los edificios más representativos de la ciudad: Ayuntamiento, casa del Corregidor y ermita de Santiago.

Repartidos por el casco antiguo de Marbella hay algunos torreones, pertenecientes a casas señoriales, de raigambre mudéjar, con arquerías enmarcadas por alfices en la parte superior, que sobresalen del resto del caserío. Hay también algunos ejemplos de guardapolvos de balcones, realizados en metal.

Un itinerario básico por el casco antiguo debe incluir las siguientes visitas:

▲ Centro de Marbella (casco histórico).

Los restos del **castillo,** de época árabe. Se halla en un costado de la ciudad, y bien protegido sobre un promontorio. Probablemente es de origen omeya, del siglo x (por su planta rectangular con torreones en ángulos y costados), pero su estructura primitiva fue modificada y ampliada en época nazarí.

El **Ayuntamiento,** el edificio civil más importante, data del año 1568. La fachada luce una balconada de hierro forjado con el alero volado. En el interior, la sala capitular tiene una techumbre mudéjar. Entre los años 1632 y 1779 se amplió hacia el este, y al otro lado se levantó, con posterioridad, el nuevo Ayuntamiento, obra de Guillermo García Pascual, quien ha resuelto felizmente la unión de las dos construcciones.

Ayuntamiento
🕐 B3

La **casa del Corregidor,** situada en la misma plaza, fue construida en el año 1552. Cuenta con una interesante portada de piedra de estilo gótico-mudéjar, y un balcón con arco apuntado y alfiz, flanqueado de escudos. En la parte superior se abre una interesante galería de estilo renacentista.

Casa del Corregidor
🕐 B3

El **hospital Bazán** fue fundado en 1568 por disposición testamentaria tras la muerte de don Alonso

Bazán, alcaide y regidor de Marbella. El edificio, muy reformado, presenta mezcla de elementos renacentistas, góticos y mudéjares. La influencia mudéjar se aprecia en la anárquica disposición espacial, debida al aprovechamiento de varias casas. En el interior tiene un patio porticado con una galería superior, alrededor de la cual se hallan varias salas cubiertas con armaduras mudéjares. En el exterior destaca una torre, situada en un ángulo, con un mirador, abierto en la parte superior con arcos de piedra, que son de medio punto y tienen un antepecho calado. En la actualidad es la sede del **Museo del Grabado Español Contemporáneo,** donde se exponen obras de Solana, Baroja, Picasso, Miró, Dalí, Tapies, Chillida, Caballero y Serrano, entre otros.

El **hospital de San Juan de Dios,** obra del gótico tardío, de fines del siglo XVI, presenta un patio con arcadas sobre pilares achaflanados. Su **iglesia** se cubre con armadura de madera y la fachada presenta una cinta con decoración de bolas.

La **iglesia de Santa María de la Encarnación** (B3) es obra del siglo XVIII y sustituye a la antigua del XVI. Destaca la portada principal, de piedra roja, labrada por el cantero José Gómez en 1756; sus formas rococó sobresalen dentro del conjunto clásico de la iglesia.

En 2003 vio la luz, en la cercana plaza del Altamirano, la **Colección Municipal de Arqueología,** con piezas de diversas épocas halladas en yacimientos del municipio. Merece la pena fijarse también en esta recoleta placita, en la **casa de los Condes de Altamirano** (siglo XVII), de hermoso balcón corrido en la fachada.

Hay varias **torres de vigía** o almenaras como la torre de las **Bóvedas,** la del **Duque,** de **Ancón,** del **Río Real,** del **Lance de las Cañas** (en forma de pezuña, del siglo XVIII), y la de **Ladrones.**

En pleno casco urbano de la localidad, el **parque Arroyo de la Represa,** es el verdadero pulmón verde de la ciudad. La visita puede completarse con el **Centro Cultural Cortijo Miraflores,** cortijo de principios del siglo XVIII que incluye un museo del aceite, un parque arqueológico, una sala de exposiciones, una biblioteca y un archivo.

La arquitectura destinada al descanso ha proliferado en Marbella con las urbanizaciones residenciales y los complejos hoteleros, entre los que se encuentran los más lujosos y mejor dotados de la Costa del Sol. Se tiende a evitar los bloques altos en favor de las viviendas unifamiliares, más en contacto con la naturaleza, ya se hallen estas aisladas, en forma de hilera o agrupadas en pequeños pueblos. Esta última modalidad es la que más se ha incrementado en los últimos tiempos, y el ejemplo más antiguo, de estilo neopopular andaluz, es el conjunto **Pinomar,** realizado por Guillermo García Pascual en 1965, que fue calificado como Centro de Interés Turístico Nacional.

La urbanización **Balcones de Sierra Blanca** (1973), de Juan Mora Urbano y José Posadillo Sánchez, es de tendencia organicista.

La urbanización **Puente Romano,** una de las más bellas realizaciones de tipo pueblo andaluz, fue diseñada en 1973 por el arquitecto Eugenio A. Vargas Izquierdo. Su nombre hace referencia al

▼ La torre Ladrones (Marbella).

puente medieval que allí se encuentra, pero que se tuvo por romano durante mucho tiempo y que cruza un arroyo. El puente une las dos partes del conjunto: los apartamentos al sur y la parte comercial al norte, cuyo centro es una plaza construida con forma de teatro romano y destinada a bailes y espectáculos. Posee, además, un jardín inglés con plantas subtropicales, pequeños arroyos y cascadas, piedras de formas extrañas y muy diversos elementos. Otros ejemplos de pueblo andaluz en Marbella son el **Rincón Andaluz,** de Guillermo García Pascual (1974) y el **Pueblo Andaluz,** en la urbanización Nueva Andalucía, de Luis Valcárcel (1975).

Puerto Banús, proyectado en 1970 por Alberto Díaz Fraga, es el paradigma de las urbanizaciones de tipo marina o pueblo marinero. El complejo, organizado en torno a un puerto, ha ido creciendo progresivamente con una edificación de estilo ecléctico, entre mediterráneo, andaluz y cantábrico. Al lado de este puerto se ha levantado un nuevo complejo arquitectónico, posmoderno, con elementos arábigos, que envuelve la **torre del Duque,** una de las torres almenaras de la costa.

Oficina de Turismo de Puerto Banús

✉ Plaza Antonio Banderas, s/n.
☎ 952 768 749.
🖥 https://turismo.marbella.es

Otro ejemplo de tipo marina es la urbanización de **Cabopino,** de Rafael Arévalo, realizada en el año 1975.

Existen en toda la zona de Marbella muy buenos restaurantes de cocina muy variada; tiendas de moda de las mejores firmas del mundo; lujosos complejos hoteleros y numerosos campos de golf. Hay, también, gran cantidad de anticuarios repartidos por todo su término municipal.

Los sábados por la mañana, junto a la plaza de toros de la urbanización Nueva Andalucía, se celebra un rastro donde se pueden realizar interesantes compras. En este lugar se instalan anticuarios de Málaga, Ronda y Sevilla.

Por la carretera de Ojén y pasado este pueblo, a unos 20 km de Marbella, se encuentra **El Juanar,** antiguo refugio de caza, enclavado en un paraje de montaña, en la sierra del mismo nombre. En este lugar escribió el general De Gaulle sus memorias. A 2 km del mismo, se puede gozar de una de las vistas panorámicas más bellas de la costa, del peñón de Gibraltar e incluso de África, si el día está lo bastante despejado.

▼ Puerto Banús (Marbella).

Marbella posee, también, amplias y hermosas playas: *Torre del Duque, Guadalmina, Las Chapas, Artola* y *La Fontanilla* son algunos ejemplos.

| MANILVA Y CASARES

Esta villa fue habitada desde tiempos remotos, probablemente debido a sus fuentes de aguas ferruginosas. Hay restos de una villa y unos baños de la época romana. Su fundación como municipio data de 1797, cuando se separó de Casares, aunque ya tenía consistencia como núcleo urbano. A mediados del siglo XVIII se construyó el **castillo de Sabinillas,** obra del arquitecto Miguel del Castillo. En sus proximidades se ha desarrollado una importante zona de recreo que incluye un balneario.

La **iglesia** parroquial **de Santa Ana,** *La Vizcarronda,* el **acueducto** del siglo XVII y los **restos romanos** en la barriada del Castillo constituyen lo más importante de la visita, mientras que también queda, para disfrutar del mar, buenas playas y el **puerto de la Duquesa,** construido según las características del típico pueblo marinero.

Catorce kilómetros hacia el interior se encuentra el pueblo de **Casares,** que ha conservado el trazado urbano musulmán y restos de la antigua fortificación del siglo XIII en la parte más alta del pueblo. Por sus características arquitectónicas, este pueblo,

▶ Vista del pueblo de Casares.

● ● ● ● ● ● ● ● ●
Oficina de Turismo de Casares
✉ Casa museo de Blas Infante. Carrera, 51.
☎ 952 895 521.
🖥 www.casares.es

Los verdiales

Si hay una música típica de Málaga, esa es la de las pandas de verdiales, cuyo día central es el 28 de diciembre. Ese día, el de los Santos Inocentes, es tradicional que las pandas se reúnan en distintos puntos de la provincia para competir entre ellas.

La panda está compuesta por violín, guitarra, pandero y platillos, además de bailaores, bandera y alcalde (director). Es una música estrechamente relacionada con el vino, de modo que son los habitantes de las zonas vinícolas los que forman dichas pandas. Quienes acuden a estos encuentros navideños comprobarán la relación existente entre música y vino. Tanto es así que en los últimos años se ha suspendido el encuentro más tradicional (el de la Venta del Túnel, a las afueras de Málaga) debido al riesgo que se corre cuando una aglomeración de personas, vencidas en su mayoría por los encantos del moscatel, pierde el freno.

A pesar de todo, en fechas próximas a Navidad, continúan produciéndose reuniones de verdiales y en distintos puntos de la provincia puede oírse esta música alegre y acelerada, de canto casi ininteligible. Y entre vaso y vaso de vino se ven jóvenes y ancianos ataviados con su extraña indumentaria negra, sombreros adornados con espejos y frutos artificiales y tiras navideñas.

denominado pueblo colgante, es Conjunto Histórico Artístico desde 1978. Además del castillo y sus callejas árabes destacan los **Baños de la Hedionda,** de origen romano, donde se cuenta que fue curado de sus males el emperador Julio César; la **iglesia de la Encarnación** y la **ermita de la Vera Cruz,** ambas del siglo XVI.

Fue cuna de Blas Infante, ideólogo del andalucismo, de quien hay un monumento en la plaza de la iglesia, obra del escultor Antonio Leiva y su **casa museo.**

Casa Museo Blas Infante
- ✉ Carrera, 51.
- ☎ 952 895 521.
- 🖥 www.casares.es
- 🕐 En verano: todos los días de 9.30 h a 14 h.
  En invierno: de lunes a viernes de 10.30 h a 14.30 h y de 16.30 h a 18 h; sábado, domingo y festivos de 10 h a 14.30 h.

**Oficina de Turismo
de Mijas**

✉ Avda. Virgen de la Peña, 2.
☎ 952 589 034.
🌐 https://turismo.mijas.es

● ● ● ● ● ● ● ●

**Carromato de Mijas. Museo
de Miniaturas**

✉ Avda. del Compás, s/n.
☎ 952 700 576.
💻 Consultar la web.

● ● ● ● ● ● ● ●

**Centro de Arte
Contemporáneo
de Mijas (CAC)**

✉ Málaga, 28.
☎ 952 590 442.
🌐 https://cacmijas.info

● ● ● ● ● ● ● ●

Museo Histórico-Etnológico

✉ Plaza de la Libertad, 1.
☎ 952 590 380.

❙ **MIJAS**   ✷

Mijas, situada a 7 km de Fuengirola, es un típico pueblo andaluz de montaña. Su bello caserío conserva todo el encanto de la traza que le confirieron los árabes. Al mismo tiempo, la altura a la que se sitúa, unos 428 m, lo convierte en un espléndido mirador sobre el Mediterráneo.

En la avenida Virgen de la Peña se encuentra la parada de **burros-taxi,** que pueden alquilarse para recorrer la ciudad. En la avenida del Compás, se alza la **ermita de la Virgen de la Peña,** patrona del pueblo, excavada en la roca. En el número 6 de la avenida del Compás se localiza el célebre Carromato de Mijas, que alberga un sorprendente **Museo de Miniaturas.** En el casco antiguo, de callecitas irregulares que desembocan en luminosas plazuelas, con gran profusión de flores en balcones, ventanas y fachadas, sobresalen calles como Charcones, Málaga, Caños o San Sebastián. En el número 14 de esta última se ubica un interesante **Museo del Vino;** y en el 28 de la calle Málaga, el **Centro de Arte Contemporáneo,** con, entre otras muchas obras, una magnífica colección de cerámicas de Picasso. Aquí mismo, en la plaza de la Libertad, se sitúa el **Museo Histórico-Etnológico.**

▲ Vista de Nerja.

NERJA ✳

La localidad de Nerja se halla a 51 km de Málaga, sobre un acantilado. La zona fue lugar de importantes asentamientos prehistóricos, como demuestra la **cueva de Nerja✳**, situada muy cerca de Maro –a 3 km de Nerja–, un pequeño núcleo de población, el último de la provincia malagueña por la parte oriental, que se considera procedente de la antigua villa romana de Detunda.

Nerja fue villa en tiempos de Abderramán III, su nombre en árabe era *Narixa,* que significa "manantial abundante". En la antigüedad había muchas moreras y fue considerable su producción de tejidos de seda. A partir del siglo XVIII creció su importancia, hasta alcanzar la independencia municipal en el siglo XIX. Tuvo un importante castillo, cuyos restos aún se pueden ver en el camino de Frigiliana, y una torre árabe del siglo IX en la costa, junto a la que se construyó otro castillo. Ambas fortalezas fueron destruidas en la Guerra de la Independencia y sobre los restos de aquel castillo frente al mar se creó parte del hermoso paseo denominado **Balcón de Europa.** Desde este enclave parte el **paseo de los Carabineros,** que recorre las hermosas playas y calas orientales hasta llegar a la *playa de Burriana.*

Oficina de Turismo de Nerja
✉ Carmen, 1 (Ayuntamiento).
☎ 952 521 531.
🖥 https://visita.nerja.es

Cueva de Nerja
✉ Carretera de Maro, s/n.
☎ 952 529 520.
🖥 https://cuevadenerja.es
🕐 Consultar la web.

▼ Dos imágenes de Frigiliana, uno de los pueblos más bellos de la provincia.

Aunque la localidad ha experimentado un fuerte crecimiento, Nerja aún conserva parte de su primitiva arquitectura popular, construida a partir de 1487.

Monumentos que no se deben dejar de visitar son, entre otros, la **iglesia del Salvador,** construida a finales del siglo XVII, con tres naves cubiertas con armaduras mudéjares y ampliada en el XVIII; y la **ermita de Nuestra Señora de las Angustias,** del siglo XVII, cuyo presbiterio está decorado con pinturas al temple, entre ellas, un Pentecostés, obra granadina del siglo XVIII atribuida a Alonso Cano. Y si aún siguen resonando en esta localidad los ecos de aquella famosa serie televisiva, más se recuerda al visitar el **Parque Verano Azul,** donde pervive *La Dorada* (el barco de Chanquete) y otros hitos que traen a la memoria a aquellos personajes y sus aventuras.

Aunque no se trate de un monumento al uso, es sin duda monumental y espectacular la **cueva de Nerja,** declarada Monumento Nacional. Una inmensa gruta de gran belleza natural por la multitud de estalactitas que posee en sus grandes salas: de la Cascada, de los Fantasmas y del Cataclismo. También guarda, en las galerías altas, interesantes **pinturas prehistóricas** en negro, rojo y amarillo. Asimismo han aparecido allí elementos de la época neolítica. En su interior se celebra cada verano el famoso *Festival Cueva de Nerja,* con variedad de actuaciones, incluyendo música clásica, ópera, ballet y flamenco, entre otros géneros. Posee un centro de interpretación y aula didáctica con información gráfica y audiovisual acerca de esta maravilla.

Cerca de la cueva, en las afueras de Maro, hay un gran acueducto, al que llaman **Puente del Águila,** que salva el barranco de Maro, con cinco pisos de arcadas de ladrillo superpuestas. Data del siglo XIX y fue construido por Francisco Cantarero, natural de Nerja, para trasvasar agua a la fábrica azucarera de Maro. En este pequeño enclave completan el legado natural los impresionantes *acantilados de Maro.*

▌FRIGILIANA   **✶✶**

Muy cerca de Nerja, hacia el interior, se halla Frigiliana, otro pueblo blanco y escalonado en la colina, que conserva con gran pureza su trazado de origen musulmán. Fue importante desde la prehistoria (existen cuevas que así lo atestiguan y un monumento megalítico argariense). Las ruinas del castillo árabe de Lizar dominan el pueblo y allí se hicieron fuertes los moriscos de la Axarquía y Alhama. La rebelión de los moriscos en la zona se narra en unos paneles de cerámica vidriada, colocados por las calles del pueblo y realizados por Amparo Ruiz de Luna según el diseño de Pilar García Millán. Cuenta con el **palacio de Manrique de Lara,** del siglo XVI, que alberga la única fábrica de miel de caña que existe en Europa.

❙ RONDA   **★★**

Es Ronda una población tan asombrosa que merece la pena conocerla aunque quede fuera del litoral. Declarada Conjunto Histórico, está situada a 121 km de Málaga y a 47 km de San Pedro de Alcántara. Se llega hasta ella por una carretera de gran belleza, al principio de la cual, si el día es diáfano, se puede admirar una hermosa vista del peñón de Gibraltar y África.

La ciudad presenta una situación privilegiada: está en la sierra del mismo nombre, rodeada de montañas y asentada en una meseta de 700 m de altura, cortada por el célebre y espectacular tajo, un corte abierto en la tierra por el río Guadalevín, que alcanza los 100 m de profundidad y la divide en dos.

Ronda alcanzó gran importancia y esplendor en la época islámica, llegando a ser la capital de una de las cinco coras de al-Ándalus. En la actual población se aprecian tres partes bien diferenciadas:

La llamada **Ciudad,** situada al sur del tajo, núcleo primitivo y antigua medina musulmana, aún mantiene en su trazado el aspecto medieval y

**Oficina Municipal
de Turismo de Ronda**
✉ Paseo Blas Infante, s/n.
☎ 952 187 119.
🌐 www.turismoderonda.es

**Zona monumental.
La Ciudad**
🕐 B-C2-3

▼ Puente Nuevo de Ronda.

RONDA

a Málaga

a Sevilla

M. Obregón
Córdoba
Estación FF.CC.
Avenida Martínez Astein
Pl. del Ahorro
Doctor C. Guerrero
V. del Carmen
Granada
Montes
San Vicente
de Paul
Portichuelo
Pastor
Divino
Setenil
Monterejas
María
Capitán
Cabrera
Carrera Espinal
Cortés
Pl. de la
Oscuridad
Posada
las Ánimas
Ermita
Pl. Fundación
Municipal
Cruz Verde
Naranja
Pl. Carmen
Abela
Los V
Pl. Concepción
García Redondo
Estación
Autobuses
Victoria
Sevilla
Mariano Soubirón
Iglesia
del Socorro
Los
Sevilla
Molino
Pl. del
Socorro
Avenida
Jerez
Jerez
Iglesia de
la Merced
Pl. de la
Merced
Virgen
de
la
Paz
Avda. Poeta
Alameda del Tajo
Plaza del
Teniente
Arce
Avda.
Poeta
Rilke
Plaza del
Toros
Barrio
Sagrada
Familia

Museo de Ronda. Palacio Mondragón
- C3
- Plaza Mondragón, s/n.
- 952 870 818.
- www.museoderonda.es
- Consultar la web.

Museo de Caza
- B3
- Armiñán, 59.
- 952 877 862.

Casa Palacio Museo Lara
- B3
- Armiñán, 29.
- 952 871 263.
- https://museolara.org
- Todos los días de 11 h a 20 h, hasta las 19 h en invierno.

monumental. En esta zona destacan la **iglesia de Santa María la Mayor,** de los siglos xvi al xviii, mezcla de los estilos gótico, renacentista, barroco y mudéjar –conserva además algunos restos de la antigua mezquita–; la **iglesia del Espíritu Santo** (siglos xv-xvi), gótico-renacentista; el **alminar de San Sebastián** (B3) (siglo xiv); la **Casa del Gigante** (siglo xiv); el **palacio de Mondragón,** mudéjar-renacentista y barroco, que alberga en su interior el **Museo de Ronda,** museo arqueológico municipal; el **palacio de Salvatierra** (B3), con fachada barroca, y numerosas casas con ilustres blasones, como el de la **Casa de Don Juan Bosco,** o el **Ayuntamiento** (B4) (siglo xviii). Alrededor de este primer núcleo de población quedan restos de las **murallas árabes,** hoy restauradas, que cuentan con hermosas puertas, la de **Almocábar** (B4), la de **Carlos V,** y el armonioso **arco de Felipe V** (B3). La **Casa del Rey Moro** (B3) (siglo xviii) guarda en su interior la llamada **Escalera de la Mina,** im-

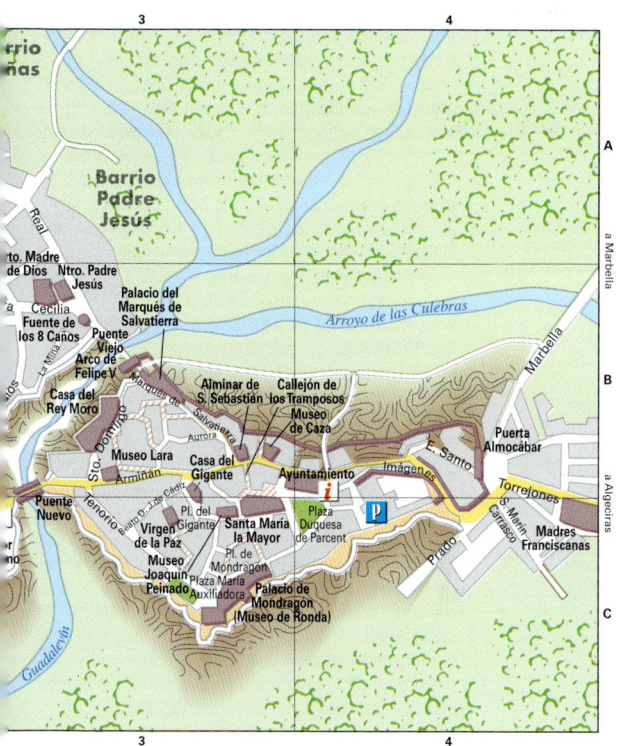

presionante obra islámica del siglo XIV que da acceso al río, y unos increíbles jardines colgantes sobre el tajo. En esta parte de la ciudad se localizan además varios museos: el de **Caza**, la **Casa Palacio Museo Lara** y el **Museo Unicaja Joaquín Peinado**.

El Mercadillo, barrio situado al norte del tajo, se fundó en el siglo XVI y está unido a la ciudad por tres puentes. El más famoso es el **Puente Nuevo** (B3), siglo XVIII, impresionante obra de ingeniería de 87 metros de altura diseñada por el ingeniero José Martín de Aldehuela, que es uno de los símbolos de Ronda. La visita se complementa con el **centro de interpretación del Puente Nuevo** y su entorno.

El Mercadillo es un barrio comercial y moderno; su trazado es más ordenado que el del casco antiguo y todavía conserva algunas casas del siglo XVIII, con hermosa rejería. Entre sus monumentos destacan la **plaza de toros,** de 1785, una de las primeras del país, que constituye el otro símbolo de Ronda; en ella, Pedro Romero fraguó el llamado toreo de

Museo Unicaja Joaquín Peinado
- C3
- Palacio de Moctezuma.
- 952 871 585.
- www. museojoaquinpeinado.com
- De lunes a viernes de 10 h a 17 h, sábado de 10 h a 15 h; cerrado domingo y festivos.

Museo Taurino. Plaza de Toros
- C2
- Virgen de la Paz, 15.
- 952 871 539.
- www.rmcr.org

Baños árabes

✉ Barrio de Padre Jesús.
Molino de Alarcón, s/n.
📶 https://turismoderonda.es
🖥 4,50 €.

Acinipo

✉ Ctra. MA-486, km 11,8.
📞 951 041 452.
📶 www.juntadeandalucia.es
🕐 Es aconsejable llamar con
antelación.
🖥 Entrada gratuita.

**Parque Nacional
de la Sierra de las Nieves**

✉ Paraje Río Grande-Las
Millanas. Tolox.
📞 952 456 153.
📶 www.sierradelasnieves.es
www.juntadeandalucia.es
www.miteco.gob.es

a pie. Bajo los tendidos se encuentra el **Museo Taurino** de la Real Maestranza de Caballería de Ronda.

Otro edificio que se debe mencionar es el **templete de los Dolores,** en la calle del mismo nombre, que es un ejemplo de capilla votiva abierta de estilo manierista-barroco (siglo XVIII), y en el barrio de San Miguel, el **puente Viejo** (B3), siglo XVI, el **puente árabe** (siglo XIII) y los **baños árabes,** siglo XIV, considerados uno de los mejor conservados de la época de dominación musulmana.

El tercer núcleo es el **barrio de San Francisco,** que se construyó extramuros, hacia el sur, en el siglo XVI, y es un barrio de agricultores. Del **convento de San Francisco,** que fue destruido por los franceses, se conserva una hermosa portada de estilo isabelino o de los Reyes Católicos.

A 22 km de Ronda se encuentran las **ruinas de Acinipo,** antiguo municipio romano que alcanzó una gran importancia entre las ciudades hispanorromanas, como lo demuestran los restos de lo que fue un impresionante teatro.

La serranía de Ronda posee gran cantidad de cuevas antiguas, entre las que destaca la **cueva de la Pileta,** situada en Benaoján, a 22 km de Ronda, en cuyas numerosas salas se puede contemplar la belleza natural, con gran profusión de estalactitas y estalagmitas, unida a la artística de sus magníficas pinturas rupestres en ocre rojizo, amarillo y negro, que abarcan varios periodos prehistóricos.

La misma serranía aparece salpicada por bellísimos pueblos moriscos como **Gaucín, Benarrabá, Benalauría, Algatocín, Benaladid, Atajate, Parauta, Benaoján,** etc. Pueblos blancos, encaramados en peñascos de difícil acceso, con callejuelas tortuosas donde se apiñan casas enjalbegadas de tejados rojos. Y por si fuera poco, el *Parque Nacional de la Sierra de las Nieves,* que también es Reserva de la Biosfera, supone unos de los espacios naturales en las cercanías de Ronda más sorprendentes de Andalucía. El relieve es accidentado y está surcado de barrancos, desfiladeros y bellos bosques de pinsapos.

❚ SAN PEDRO DE ALCÁNTARA

Esta localidad, perteneciente al municipio de Marbella, se encuentra a 66 km de Málaga. El origen de la colonia de San Pedro de Alcántara se remonta al año 1858, cuando el marqués del Duero acometió una importante obra de colonización agrícola. El poblado se construyó entre los años 1860 y 1866, con una organización regular de calles rectas y perpendicu-

▲ Vista de Gaucín.

lares, que confluyen en la plaza principal, donde se encuentra la iglesia parroquial, de estilo colonial, y la casa de la Administración o **Villa de San Luis.** La colonia contaba con una granja modelo o escuela de capataces, pionera de las que funcionaron en España, y una fábrica de azúcar, de la que se conserva solamente el edificio. En la década de 1970 se empezaron a sustituir las funciones agrícolas por las turísticas, y su aspecto ha variado notablemente.

No hay que dejar de visitar la **basílica de Vega del Mar,** cuyas ruinas paleocristianas del siglo VI d. C. están consideradas como una de las muestras más importantes de esta época. Estaba rodeada por una necrópolis visigoda y muchos de los hallazgos arqueológicos se exhiben hoy en el Museo Arqueológico Nacional. Otro legado histórico de gran importancia son las **bóvedas** o **termas romanas** (siglo III d. C.), consideradas por algunos unos grandes depósitos de recogida de agua que conducían a los acueductos cercanos.

En la población se puede visitar también el **Museo de Arte Mecánico,** una colección que se ha podido construir gracias a la creación de más de medio centenar de esculturas, y muchas horas de ingenioso trabajo.

Museo de Arte Mecánico
✉ El Ingenio La Morena, s/n.
☎ 952 786 968.

TORREMOLINOS

■■■■■■■

**Oficinas de Turismo
de Torremolinos**

✉ Pza. de las Comunidades
Autónomas (Bajondillo /
Playamar).
☎ 952 371 909.
✉ Cuesta del Tajo, 11.
☎ 952 070 595.
✉ Plaza del Remo. Carihuela.
☎ 952 372 956.
🖥 https://turismo
torremolinos.es

■■■■■■■

**Torre de Pimentel
Iglesia de San Miguel
Playa del Bajondillo**
⊙ B3

■■■■■■■

Cocodrile Park
⊙ A2
✉ Cuba, 14.
🖥 www.cocodrilospark.com

■■■■■■■

Jardín Botánico Molino de Inca
✉ Camino de los
Pinares, s/n.
☎ 952 379 416.
🖥 https://turismotorremolinos.
es

❙ TORREMOLINOS   ✱

La localidad de Torremolinos está situada a 12 km
de Málaga, ciudad de la que fue una de sus barriadas hasta el año 1988, en que obtuvo la autonomía
municipal.

El lugar en que se asienta estuvo habitado desde
la prehistoria. Hay vestigios neolíticos y romanos.
Los Reyes Católicos concedieron a Málaga el privilegio de sus excelentes manantiales y la propiedad
de sus molinos, de los cuales, y de la **torre de Pimentel** –torre vigía del siglo XIV–, le viene el nombre.

El pueblo, como tal, comienza a surgir en el siglo
XVIII, pero no será hasta el XX cuando cobre importancia; primero, como lugar de veraneo de algunas
familias malagueñas; luego, a partir de los años sesenta, con la explosión turística, pues fue el pionero
en este aspecto. Aun así ha conservado pincela-
das de su antigua peculiaridad, como la **calle San
Miguel**, la **Cuesta del Tajo** y la **calle del Peligro**,
pobladas de una multitud de puestos y tiendas con
aire de zoco, que desembocan, tras una acusada
caída, en la **playa del Bajondillo** y en su extenso
paseo marítimo.

Entre los monumentos de Torremolinos cabe citar,
en la calle Bajondillo, la interesante **Casa de los
Navaja**, palacete de estilo andalusí, y la pequeña
iglesia renacentista **de San Miguel**. Pero es en el
aspecto lúdico donde Torremolinos se lleva la palma,
con propuestas como el **Cocodrile Park**, con más

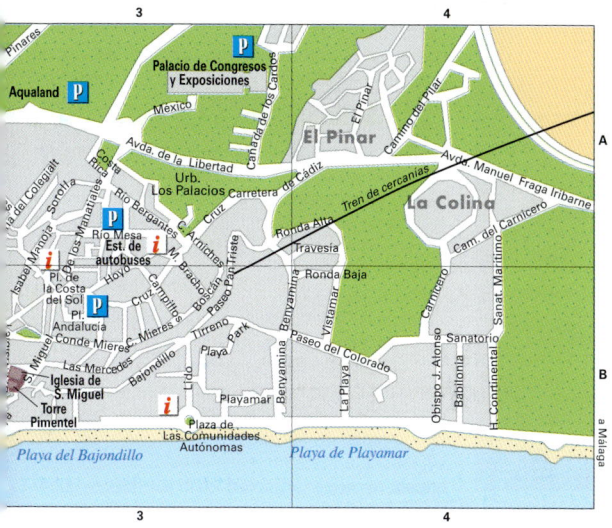

de 12 especies diferentes de estos impactantes reptiles, y el parque acuático **Aqualand**. Los amantes del senderismo tienen marcadas varias rutas por los montes de Torremolinos, que parten del paraje *Los Pinares de los Manantiales,* donde se levanta la **ermita de San Miguel** y se ha habilitado el **Jardín Botánico Molino de Inca**.

Dentro de las artes decorativas, en la **iglesia de Nuestra Señora del Carmen,** en La Carihuela, se pueden ver unos retablitos de azulejos de J. Ruiz de Luna, dedicados a la Virgen del Carmen.

No debe olvidarse el barrio de pescadores de **La Carihuela,** que conserva algo su aspecto primitivo. Dispone de un paseo marítimo con una extensa playa de arena fina y varios restaurantes, donde sirven un excelente pescado frito.

Además, Torremolinos tiene otras playas amplias y extensas, como *Playamar,* a continuación de la mencionada playa del Bajondillo.

▌TORROX

Esta villa, a 6 km de la costa en las estribaciones del *Parque Natural de las Sierras de Tejeda, Almijara y Alhama,* se escalona en una colina coronada por los restos del antiguo castillo. Durante el siglo XIX disfrutó de un periodo de prosperidad, como lo demuestran algunas casas de la época y una fábrica de azúcar de 1890. Sus orígenes se remontan

---

Aqualand
- A3
- Cuba, 10.
- www.aqualand.es/torremolinos.

Iglesia de Nuestra Señora del Carmen
- B2

Barrio de La Carihuela
- B2

Playa de Playamar
- B3-4

Oficina de Turismo de Torrox
- Avda. Andalucía, 7. Edificio de Usos Múltiples.
- 952 530 225.
- www.turismotorrox.es

▲ Torrox.

• • • • • • • •
**Oficina de Turismo
de Vélez-Málaga**

✉ Plaza de las Carmelitas.
☎ 952 541 104.
🖥 http://turismo.
velezmalaga.es

posiblemente a la *Caviclum* romana, célebre por su comercio y su industria, en las cercanías del faro de Torrox. De este primitivo emplazamiento quedan las ruinas de una ciudad factoría, fundada en el siglo I, donde perviven los restos de unas termas, una villa, una necrópolis y pilas salsarias para preparar el popular *garum,* salsa muy consumida por los romanos como adobo del pescado. Un gran **mirador** se levanta sobre los restos romanos del faro, una estructura acristalada que permite contemplar la herencia romana.

Torrox ha modernizado su agricultura, especializándose en cultivos tropicales de invernadero que permiten aumentar las cosechas y su rendimiento.

A la actividad agrícola se ha sumado la turística. Cerca del faro se ha construido un importante complejo vacacional. Entre sus monumentos destacan el **convento de las Nieves,** cuya iglesia, del siglo XVI, posee armaduras mudéjares, y la imponente **iglesia de la Encarnación** (siglo XVI), alzada sobre una antigua mezquita.

❘ VÉLEZ-MÁLAGA   ******

A 4 km de la costa de Torre del Mar y hacia el interior está situado Vélez-Málaga, uno de los pueblos más importantes de Málaga y capital de la comarca de la Axarquía, que gozó de gran prosperidad en otros tiempos por sus uvas y pasas. Su origen está rodeado de leyendas, pero hay datos que confirman que estuvo habitada desde épocas prehistóricas. Según se cree, la ciudad griega de *Mainake* estaba situada en la zona costera de Vélez.

A orillas del río Vélez, en la finca de Toscanos, por el camino de Benamocarra, se han encontrado restos de una ciudad fenicia, que luego fue romana; más arriba se halló la **necrópolis de Cerro del Mar y Jardín** de los siglos VI-IV a. C., y en la caleta de Vélez se ha hallado la **necrópolis de Trayamar,** que corresponde a los poblados fenicios de Cerro y Mar, Chorreras y Morro de Mezquetilla.

Vélez fue importante bajo la dominación romana y árabe. En 1487 fue reconquistada por Fernando el Católico. En la zona costera, Vélez estuvo fortificada por un castillo –parte del cual se encuentra entre el caserío– y la Torre del Mar, y en torno al castillo y a la torre se desarrolló una población de pescadores. En el siglo XIX, **Torre del Mar** fue el puerto de salida de los productos veleños y la familia Larios construyó allí una factoría de estilo neomudéjar para la producción azucarera. Hoy es un populoso centro veraniego.

▲Vélez-Málaga.

Vélez es la patria chica del cantaor de comienzos del siglo XX Juan Breva, que tiene un monumento escultórico en la plaza del Carmen, y de María Zambrano.

Son típicas de la ciudad las tiendas de albardería y las fábricas de los tradicionales mazaríes veleños (baldosas de barro cocido sin vidriar, que se usan para solados).

Entre los monumentos más interesantes de esta ciudad, declarada Conjunto Histórico Artístico, destaca, en el punto más alto de la villa, el **castillo** árabe del siglo XIII, así como parte del cinturón de **murallas** que protegía la villa. En estas permanecen aún la **Puerta Real** y la **Puerta de Antequera** que comunicaban la ciudad con el exterior. Bajo estos sólidos muros, las casas blancas quedan a sus pies. La villa, de intrincada red viaria, está presidida por la **iglesia de Santa María,** que se levanta sobre la antigua mezquita. El templo es de ladrillo y mampostería de estilo gótico-mudéjar. Data de comienzos del siglo XVI y tiene tres naves, separadas por arcos apuntados sobre pilares, cubiertas por armaduras mudéjares, igual que el presbiterio. En la parte exterior presenta un atrio con arcos de herradura y una torre, de ladrillo y cerámica, cubierta con un chapitel piramidal, que aprovecha el antiguo alminar árabe. En su interior destaca el retablo mayor (siglo XVI), aunque muchas de sus esculturas originales se sustituyeron por otras obras durante los siglos XVII y XVIII.

La **parroquia de San Juan** data también del siglo XVI, pero fue restaurada en el siglo XIX, por lo que adquirió un cierto aire neoclásico. Posee una torre del mismo tipo que la de Santa María, porque está coronada también por un chapitel piramidal de cerámica. Es interesante su sacristía rococó. En una de las capillas de los pies hay un Cristo crucificado de madera policromada, de la escuela castellana del siglo XVI.

Una de las zonas más interesantes de Vélez es el **barrio de San Francisco,** que se edificó en torno al convento del mismo nombre durante los siglos XVI y XVII. En un principio fue barrio de artesanos y comerciantes, pero los palacios y las casas principales revelan la presencia de nobles y funcionarios reales. Constituye hoy el centro administrativo, jurídico y comercial. Aquí se encuentra el **palacio del Marqués de Beniel** (siglo XVII), de estilo mudéjar-renacentista, que alberga la **Fundación María Zambrano** (la célebre discípula del filósofo Ortega y Gasset), el Archivo Histórico y la sede de la Universidad de la Axarquía. En la plaza que está delante del edificio se ha instalado una fuente del siglo XVI.

La construcción del **convento de San Francisco,** levantado sobre la antigua judería, se remonta al año 1495, pero ha sufrido muchas modificaciones a lo largo de los siglos. Destaca la **capilla del Buen Pastor** (siglo XVIII) por ser un oratorio privado, con una decoración de yeserías barrocas y un retablo moderno con pinturas del artista veleño contempo-

Fundación María Zambrano

✉ Plaza Antonio Garrido Moraga (antigua Plaza Palacio), 1.

☎ 952 500 244.

🔗 https://fundacion mariazambrano.org

Salia, ciudad maldita

Patricio, pastor de la iglesia de Málaga en el siglo IV, decidió visitar *Salia* a fin de encontrar seguidores para la religión cristiana (*Salia* estaba situada entre las sierras de Tejeda y Alhama, muy cerca de Alcaucín y por lo tanto próxima a Vélez-Málaga). Patricio fue acogido con disgusto por los habitantes de *Salia.* Así que al poco tiempo hubo de marcharse sin conseguir ni siquiera un nuevo seguidor para el cristianismo. Y aquí surge la leyenda, cuando al día siguiente de su partida se dice que de grietas y matojos empezaron a surgir unas víboras que, sobre todo de noche, atacaban a los habitantes de la ciudad y les producían la muerte. Después de un estéril intento de exterminar la plaga de reptiles, la gente acabó por encerrarse en sus casas nada más anochecer, pero todo fue inútil, las víboras entraban en las viviendas por resquicios mínimos, escupían líquido corrosivo y sembraban la muerte. Así los habitantes se vieron forzados a huir y la ciudad quedó despoblada. Esta es la explicación que da la leyenda sobre la misteriosa emigración que se produjo en *Salia,* de la que todavía podemos ver sus ruinas y murallas.

▲ Cómpeta.

ráneo Paco Hernández. En el presbiterio se conserva un patio del siglo XVI, con arcos enmarcados por alfiz, sobre pilares octogonales.

En esta zona se conservan algunas casas solariegas de los siglos XVI al XVIII. Entre ellas, la **Casa de Cervantes** (siglo XVI), en la que se hospedaba el gran escritor en Vélez mientras realizaba tareas de recaudador, y la **Casa del Mercader** (siglo XVII).

El **convento de las Claras,** fundado en 1503 y reconstruido en 1774, es de estilo barroco tardío con ornamentación rococó. El presbiterio del **convento de las Carmelitas Descalzas** (siglos XVII-XVIII) tiene una profusa decoración de pinturas al fresco con la técnica del *trompe d'oeil*. Vélez posee, además, varias capillas repartidas por todo el casco urbano y un gran número de ermitas. En la plaza de San Juan de Dios, en el antiguo hospital del mismo nombre, se encuentra el **MVVEL Museo de Vélez-Málaga,** de carácter histórico, y en Félix Lomas, el **Centro de Arte Contemporáneo.**

Por la Caleta de Vélez hay una desviación hacia el interior que lleva a los típicos pueblos blancos escalonados en las colinas (Algarrobo, Sayalonga, Canillas del Aceituno y **Cómpeta**). El paisaje está salpicado de paseros para el secado de las uvas. Desde Vélez-Málaga se puede observar el *Corte de Vélez,* hendidura en la montaña desde donde se divisan las ventas de Zafarraya y la localidad granadina de Alhama de Granada.

MVVEL Museo de Vélez-Málaga

✉ Doctor Jiménez Poey, 1.
☎ 647 212 750.

CAC Centro de Arte Contemporáneo

✉ Félix Lomas, 26.
☎ 952 504 349.

Oficina de Turismo de Cómpeta

✉ Avda. de la Constitución, 1.
☎ 952 553 685.
🌐 www.competa.es https://turismocompeta.com

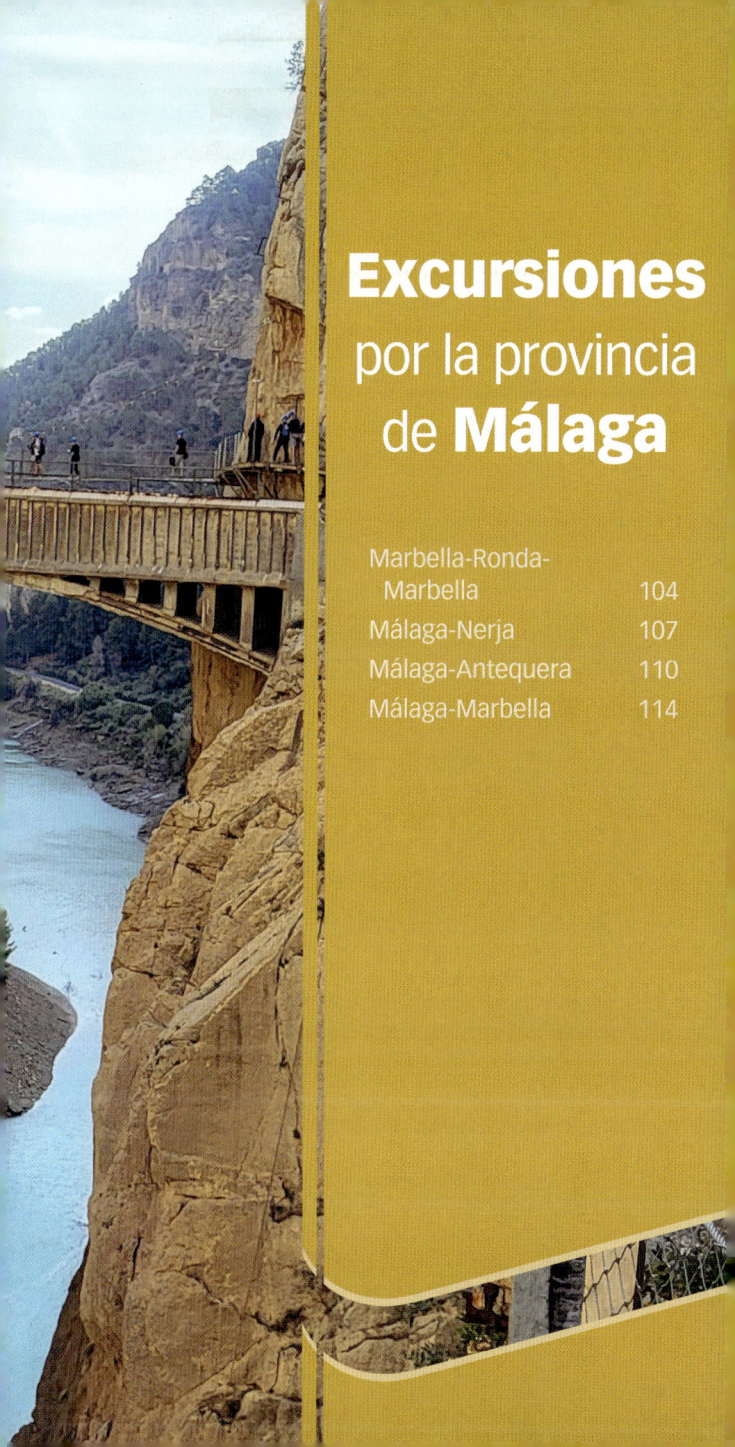

Excursiones
por la provincia
de **Málaga**

Entre la **serranía** y la **costa** malagueñas

Se proponen a continuación cuatro excursiones por la provincia de Málaga para facilitar al viajero el deambular por estas tierras. Dos de las ideas que se ofrecen tienen como meta pueblos del interior. Es el caso de la primera de las sugerencias que escoge como punto de partida Marbella para, después de recorrer parte de la costa, adentrarse en la serranía a través de Casares, Gaucín, Algatocín y llegar finalmente a la ciudad de Ronda, ya en plena montaña.

La segunda excursión inicia su recorrido en la ciudad de Málaga para llegar, bordeando la costa, hasta la villa de Nerja, sin olvidarse de pasar visita a pueblos como Macharaviaya, apenas en el interior, Torre del Mar, Vélez-Málaga, o a pueblos no costeros como Cómpeta o Frigiliana.

La tercera excursión, al interior, propone llegar hasta Antequera y una vez allí visitar Archidona, pero pasando antes por Casabermeja; después regresar por otro camino diferente para conocer Álora.

La última propuesta se dirige por la costa, hacia el suroeste, hasta Marbella, ciudad que merece una pausada visita; pero antes de llegar conviene detenerse en pueblos y ciudades que bien en la misma costa o a pocos kilómetros requieren una atención especial, como Benalmádena, Torremolinos, Mijas, Ojén, Benahavís o Istán.

Con el fin de hacer más cómodo el viaje por las rutas propuestas, se dispone en las páginas 62-63 de un mapa de la provincia de Málaga.

Marbella-Ronda-Marbella

Desde la localidad de Marbella se puede realizar una excursión que tiene como meta Ronda. Hay un camino casi directo, el que siguiendo la carretera occidental de la costa se desvía en San Pedro de Alcántara hacia el interior y va a Ronda. Sin embargo, para que el viajero pueda conocer una de las zonas más bellas de Andalucía, y transitar por las inmediaciones de algunos parques y parajes naturales protegidos, se recomienda continuar por la carretera de la costa una vez pasado San Pedro de Alcántara [pág. 92] y Estepona [pág. 72].

A 9 km de Estepona, y 2 km antes de llegar a **Manilva [pág. 84]**, se abandona la carretera de la costa (N 340) y se toma la carretera MA 546 en dirección Casares. Poco a poco va apareciendo un hermoso paisaje de pinos que anuncia el comienzo de la serranía de Ronda.

A 14 km del cruce se ve **Casares [pág. 84]**, bellísimo pueblo cuyas casas se encuentran en perfecta armonía con el paisaje circundante. El pueblo, Conjunto Histórico Artístico desde 1978, debe su nombre al emperador Julio César, quien utilizó sus baños de aguas sulfurosas para curarse una dolencia hepática. Este hermoso caserío invita a recorrer sus empinadas y bellas calles, a admirar las sencillas casas encaladas, a comprar sus productos artesanales o, como César, a visitar los **Baños de la Hedionda.** Casares es la patria de Blas Infante, el precursor del andalucismo, a quien cada año en esta localidad las fuerzas políticas de toda Andalucía rinden memoria.

Una vez realizada la visita al pueblo de Casares se debe continuar, por la A 377, adentrándose en la hermosa serranía de Ronda, atravesando bosques de pinos, castaños o encinas; aspirando el aire limpio de estos parajes que alcanzan una altura media de 1000 m de altitud (puerto de los Guardas) y que son habitados por águilas reales, halcones, azores y búhos reales, y también por corzos, venados y cabras monteses.

La ruta sigue los atractivos pueblecitos de la comarca y llega a **Gaucín**, pequeña villa en la falda de la sierra del Hacho. Está situada al borde de un tajo, lo que, desde lejos, le da una belleza que ni mucho menos es desmentida al entrar en sus calles.

▶ En la página siguiente, vista del pueblo de Casares.

El Pinsapar

El pinsapo es un árbol hermoso y fuerte de la familia del pino. Es una especie muy poco frecuente, escasísima, que solo se da en Marruecos y en el sur de España, concretamente entre Cádiz y Málaga. Es aquí, en medio de la sierra, donde estos majestuosos árboles se agrupan y forman los bosques que se extienden por el Parque Natural Sierra de Grazalema, la Sierra Bermeja y en el Parque Nacional Sierra de las Nieves. Concretamente en la provincia de Málaga, los pinsapos se encuentran en la zona interior de Estepona, en las proximidades de Casares y el pequeño y hermoso pueblo serrano de Genaguacil. Entre estos dos pueblos está el Paraje Natural Los Reales de Sierra Bermeja, un buen lugar para la contemplación de esta rara especie vegetal. Este bosque, conocido como El Pinsapar, es de una belleza poco común. Tiene un aire de misterio, de bosque primitivo, prehistórico, pues los pinsapos aquí son enormes, muy altos, y sus retorcidas ramas, flotando a decenas de metros, parecen extraños dibujos o esculturas cruzando el aire. Un recorrido por este paisaje antediluviano proporcionará al viajero una buena dosis de quietud y sosiego, y al volver a la carretera y a los ruidos, al bar o al hotel, tendrá la sensación del privilegiado que ha podido asomarse por unos instantes a un pasado remoto, a un tiempo hace milenios desaparecido.

▲ Pinsapar y hojas del pinsapo.

Para los buenos caminantes se aconseja un paseo hasta el **castillo del Águila** (siglo X). Si el día es claro, mínimamente luminoso, desde aquí se divisan el peñón de Gibraltar y las costas de África. Son recomendables los embutidos de Gaucín y algunas piezas de su repostería, entre las que destaca el famoso rosco blanco. Después de la visita a Gaucín, se continúa el serpenteo de la bella carretera (A 369), en dirección a Ronda, disfrutando siempre de su paisaje, el mismo que en su día recorrieron famosos y románticos bandoleros como José María el Tempranillo o "Pasos Largos".

A 11 km se encuentra **Algatocín,** otro de los pueblecitos blancos que salen al paso. Unos 6 km después surge el desvío a **Benalauría,** 2 km de empinada cuesta que nos llevan a un restaurado molino de aceite que alberga un **Museo Etnográfico.** De vuelta en la carretera (A 369) ya se está muy cerca de **Ronda [pág. 89],** que finalmente aparece majestuosa y bella. El regreso, que se realizará por la carretera que va hacia la costa (A 376), distante 41 km a través de la sierra, atraviesa unos escarpados y, a veces, misteriosos parajes.

La carretera, de trazado sinuoso, es ancha y cómoda. Termina en **San Pedro de Alcántara [pág. 92],** y desde allí tan solo quedan 10 km por la carretera de la costa hasta **Marbella [pág. 75].**

Málaga-Nerja

Partiendo de Málaga, una de las excursiones más interesantes que el viajero puede hacer es la que recorre el litoral oriental de la provincia, realizando breves incursiones hacia algunos de los pueblos que se adentran entre los montes costeros.

Se inicia la ruta por la N 340 en dirección a Granada. Una vez pasada la localidad de **Rincón de la Victoria** [**pág. 70**] se toma una desviación a la izquierda (MA 3201) y se llega a **Macharaviaya** [**pág. 71**], un pequeño y tranquilo pueblo que hoy parece haber olvidado aquella fama que en el siglo XVIII lo tenía por ser uno de los de más abolengo de la provincia.

Recuerdo del esplendoroso pasado es la vieja **iglesia** barroca **de San Jacinto** (1505), de una sola nave, las **ruinas** de su fábrica de naipes y la casa natal del poeta Salvador Rueda.

Después se retoma la carretera N 340 y se sigue por ella unos pocos kilómetros, escoltados a un lado por las playas de arena oscura y al otro por colinas rojizas y pálidas y fértiles huertas. De este modo, se llega a **Torre del Mar,** un importante núcleo costero perteneciente a Vélez-Málaga, que está situado

La Noche del Vino

Desde 1975 se celebra cada año en Cómpeta la ya famosa Noche del Vino. Tiene lugar la noche del 15 de agosto. Comienza con un pregón en el que los vecinos del pueblo y los visitantes son animados a disfrutar y a beber. Ánimos que son de agradecer pero que se revelan como gratuitos e innecesarios porque esa noche tiene algo de mágica, cuando en la plaza de la Iglesia comienza la música y el vino moscatel, nuevo, dulce, todavía con el sabor de la uva, empieza a correr. Se suceden distintas actuaciones en el escenario de la abarrotada plaza y a su alrededor se habla, se bebe, se baila y se disfruta de especialidades gastronómicas como las migas, el potaje de hinojo y la calabaza frita. Es la fiesta del pueblo entero, de los jóvenes que no se pierden una, de los agricultores que saborean su vino, de las vecinas y los vecinos maduros que por una vez al año trasnochan, asomados a sus balcones o sentados en la plaza, de las y los ancianos que miran y sonríen, recordando quizá otras noches. Se prolonga casi hasta el amanecer, después de haber comido churros y despedido con aplausos la última canción, el último sorbo de moscatel.

▲ La playa de Nerja.

a 32 km de la capital de la provincia y a solo 4 km del municipio al que pertenece.

Tomando la A 335 se llega a **Vélez-Málaga [pág. 96]**, una de las ciudades más importantes y con más historia de la provincia. Después, por la misma carretera se vuelve a Torre del Mar y se continúa por la carretera general en dirección a Granada.

Cuando apenas se han recorrido un par de kiló-metros se halla, a la izquierda, el cruce (MA 7206) que lleva a **Algarrobo, Sayalonga** y, al final de una carretera empinada y estrecha con numerosas curvas, a **Cómpeta.** Se podrá disfrutar de un ver-dadero paisaje andaluz: montes poblados de viñas, olivos, paseros y el silencio de la sierra. Siguiendo la misma carretera, volvemos al mar por la A 7207, pasando por **Torrox [pág. 95]** y Torrox-Costa.

A 8 km, a la altura de Nerja, se halla una nueva desviación a la izquierda (MA 5105), la cual lleva a **Frigiliana [pág. 88]**, un hermoso pueblo blanco, de

unos 2400 habitantes, con estrechas y empinadas calles propias de un casco urbano morisco-mudéjar y, a decir de muchos, el mejor conservado de toda Andalucía. Sin duda, se trata de uno de los pueblos más bellos y mejor conservados de la provincia.

En él se puede visitar el **palacio Manrique de Lara** (siglo XVI), que alberga la única fábrica de miel de caña de Europa, y la **iglesia** parroquial **de San Antonio,** del XVII, dos bellas edificaciones de estilo renacentista.

Volvemos a **Nerja [pág. 87]** por la misma carretera. Aquí las opciones son muchas, recorrer el pueblo, visitar las impresionantes cuevas o, si el clima y la hora lo permiten, bañarse en las aguas cristalinas de una de las muchas calas, algunas nudistas, que adornan la zona de **Maro.**

Una grata experiencia es el camino de vuelta, a la caída de la noche, por los 50 km de carretera que separan Nerja de la ciudad de Málaga.

Málaga-Antequera

Una excursión prometedora es la que, partiendo desde Málaga, llega a Antequera y recorre sus alrededores. La salida de la ciudad de Málaga se hace por la A 45, que enlaza la capital con el interior (siendo la vía natural de conexión con el resto de la península) o por la carretera más local A 6311.

Por la A 45, a 25 km se encuentra **Casabermeja,** en lo alto de una loma, deslizándose por un pequeño barranco bajo el que pasa el río Gualdalhorce. Lo primero que se aprecia del pueblo, de empinadas calles, son sus dos elementos más característicos, la **torre** de la **iglesia de Nuestra Señora del Socorro** y el **cementerio,** uno de los más pintorescos y visitados de Andalucía, con pequeñas y encaladas callejuelas, declarado Monumento Nacional en 1980. También puede realizarse desde el pueblo una pequeña excursión de 4 km hasta la **Torre Zambra,** vigía de origen árabe (siglo XIII).

Después de la visita a Casabermeja y su cementerio –que nada tiene de fúnebre y en el que ha pedido recibir sepultura algún afamado escritor– se continúa el camino ascendente hacia Antequera, marchando por un paisaje abierto de montañas desnudas o sembradas de cereales. Tras coronar el puerto de Las Pedrizas (1.040 m) y bajar la cuesta de El Romeral, se abandona la autovía para llegar a **Antequera [pág. 61]** a través de la A 45.

Son muchos los palacios y las iglesias que se pueden visitar en esta bella localidad, además de sus hermosas calles de recorrido obligado. Y también son numerosos los atractivos que se encuentran en los alrededores, como los **dólmenes de Menga** y **Viera,** y el "tholos" del Romeral, que constituyen uno de los conjuntos megalíticos más importantes de España. Junto a dos parajes naturales próximos, la *peña de los Enamorados* y el *Torcal,* fueron declarados por la Unesco en 2016 Patrimonio Mundial.

Con la visita de la villa y sus alrededores se tiene asegurado un día intenso y completo. Sin embargo, para viajeros infatigables se recomienda visitar también **Archidona [pág. 66]**, situada a 17 km de Antequera, que se alcanza por la N 331 o por la autopista A 92.

Para el regreso se propone una ruta diferente, para la que es necesaria una nueva jornada. Desde Antequera se toma la carretera A 343 hacia **Valle**

▼ Dólmenes de Viera (arriba) y Menga (abajo).

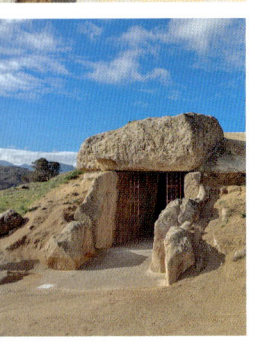

de Abdalajís, donde se sigue por la carretera MA 4401 que conduce a **El Chorro,** pantano final del conjunto de embalses del Guadalhorce.

▲ Vista de Antequera.

Desde aquí alcanzará el **desfiladero de los Gaitanes,** cañón excavado por el río Guadalhorce, con acceso desde el norte por el pantano del Guadalhorce y desde el sur por El Chorro, espectacular paraje que en algunos puntos solo tiene 10 m de anchura y que alcanza los 700 m de profundidad. La construcción de un canal de agua desde el embalse hasta El Chorro para aprovechar aquí el desnivel en una central hidroeléctrica, llevó aparejado un camino

El Torcal

Una ciudad con ventanas tapiadas, calles de silencio, con habitantes mudos que no se dejan ver, que se esconden en sus casas de piedra ante la curiosidad del visitante que mira esta obra arquitectónica de la naturaleza con asombro. Esta es una de las ideas que nos pueden asaltar al ver El Torcal, una formación de rocas calcáreas que ocupa algunos kilómetros cuadrados en las cercanías de Antequera.

Existe una ruta, marcada en verde, que recorre en un sentido u otro este extraño paisaje de rocas superpuestas, moldeadas caprichosamente por los siglos y la erosión. La ruta está indicada con flechas en el suelo y las rocas, y son de bastante utilidad, bien sea para hacer un recorrido racional y no repetitivo o bien para evitar que inexpertos excursionistas puedan perderse entre la gran cantidad de caminos y pequeñas gargantas que a veces pueden convertirse en un laberinto de piedra. Ya decimos, ciudad muda, rocas que desafían las leyes de la gravedad y el equilibrio, silencio mineral, calles sin más tránsito que el del viento, El Torcal.

▲ Caminito del Rey.

Caminito del Rey

✉ Centro de Recepción de Visitantes. Puerto de las Atalayas.

🔗 www.caminitodelrey.info

🕐 De 9 h a 14.50 h (en invierno) y a 17.20 h (en verano). Es necesario reservar con antelación.

de mantenimiento de dicho canal, conocido como *Caminito del Rey* porque la obra fue inaugurada por el rey Alfonso XIII. El camino que va por las pasarelas, de unos 3 km de longitud, discurre entre paredes verticales y un puente en el mismo desfiladero sobre el canal de agua. La visita, que en total dura unas tres horas para un recorrido de unos 7 km, es guiada y conviene reservar con antelación.

Los alrededores de los embalses conforman el parque de **Ardales,** que alberga las **ruinas** mozárabes **de Bobastro** (siglos IX y X), en la que destaca una iglesia rupestre y un eremítico conventual. Uno de los mayores atractivos de Ardales es la **cueva de Trinidad Grund** o **cueva de Ardales,** que conserva pinturas rupestres del Paleolítico superior, así como impresionantes salas de estalactitas, lagos permanentes y otras formaciones. En el pueblo hay que visitar la **iglesia de Nuestra Señora de los Remedios,** construida por los mudéjares en el siglo XV sobre una mezquita; el **Museo Municipal,** donde además de la colección arqueológica se encuentra la sala de interpretación de la cueva de Ardales; el **puente** romano **de La Molina** (siglo I d. C.), y sobre un promontorio los restos del **castillo** árabe, construcción que data del siglo IX.

Desde Ardales tomamos el camino hacia **Álora,** un pueblo de unos 13.000 habitantes situado en la sierra del Hacho, sobre un monte quebrado al final del cual quedan las ruinas de una antigua fortificación, el **castillo-cementerio de las Torres,** donde destacan el arco de herradura, de muy buena mano, y el mirador. Álora es una villa pintoresca, con casas encaramadas sobre una peña y barrancos, bajo los que serpentea, hecho apenas un torrente, el río Guadalhorce.

La población está cargada de historia y cuenta con importantes edificios, como la **iglesia de la Encarnación,** del siglo XVII, construida a base de piedra de cantería y en orden jónico. Esta iglesia, la tercera más grande de la provincia, viene a sustituir a la erigida por los Reyes Católicos sobre una mezquita, existente en el castillo, que fue destruida por un terremoto y de la que apenas quedan unos restos.

Algo más abajo se halla también el **convento de las Flores** (siglo XVI), alzado sobre el lugar donde los Reyes Católicos levantaron una ermita en acción de gracias por la conquista de la ciudad y cuya iglesia barroca posee un alto mérito.

Hoy la ciudad es una reserva de frutos tropicales, así como de naranjos y limoneros. Para los amantes de la gastronomía hay que decir que en Álora podrán disfrutar de sus roscos de aguardiente, de sus peculiares empanadillas de batata y de las sopas perotas. Y para los amantes del flamenco, quizá les interese saber, si no lo saben ya, que Álora es cuna de la malagueña, uno de los palos más emotivos del cante jondo.

El regreso hacia la capital se realiza siguiendo una carretera cuajada de naranjos (la A 343) que nos conduce primero a **Pizarra,** a cuya salida se encuentra el **Museo Municipal,** y después a la estación de **Cártama.**

Antes de desembocar en la autovía A 357, que se introduce en la ciudad de Málaga, se puede visitar **Cocodrilo Park.** Su interior alberga más de 200 ejemplares de diferentes especies de todo el mundo.

▼ Paraje Natural del Torcal de Antequera.

· · · · · · · · ·

Oficina de Turismo de Álora

✉ Plaza Fuente de Arriba, 15 (junto al Ayuntamiento).

☎ 951 062 136, 952 496 100.

🖥 www.alora.es

Málaga-Marbella

A continuación se propone un recorrido por la zona eminentemente turística de la provincia, el que por la costa nos llevará hasta Marbella, aunque para dar una visión amplia y contrastada de esta comarca, la excursión se ha concebido con un perfil parecido a los dientes de una sierra, es decir, apartándose del litoral y volviendo a él. De este modo se puede obtener una visión amplia y contrastada de esta comarca.

Saliendo de Málaga en dirección Cádiz, se propone tomar la salida de la autovía que lleva a **Arroyo de la Miel,** barriada de **Benalmádena [pág. 68],** que se encuentra unos kilómetros más arriba. Se aconseja una visita a este pueblo blanco y muy cuidado que además de sus calles recoletas y sus miradores ofrece otros atractivos, como los parques temáticos **Selwo Marina** y **Sea Life.** Después de la visita a Benalmádena se descienden los casi 300 m de altitud y se regresa a la costa, a la autovía antigua en dirección Marbella-Cádiz.

Se recorre Benalmádena-Costa, núcleos de urbanizaciones, acantilados y playas especialmente transitados desde mayo hasta septiembre. A la derecha se alza, como fondo, la escarpada sierra de Mijas.

Siguiendo la línea de la playa en dirección a Fuengirola y como a unos 3 km del puerto se encuentra el complejo turístico de Torrequebrada, con su famoso casino. A unos 8 o 10 km de Benalmádena se encuentra **Los Boliches,** barrio costero que precede a **Fuengirola [pág. 73],** el núcleo turístico central de la Costa del Sol, equidistante, en todos los sentidos, de Torremolinos y Marbella. El largo paseo marítimo de esta suntuosa villa turística de la Costa del Sol, con más de 7 km de longitud, enmarca la ciudad desde el Mediterráneo, como contrapunto a los elevados montes de la sierra de Mijas que se levantan a sus espaldas.

Desde Fuengirola, tras haber disfrutado de sus playas, de sus numerosos establecimientos turísticos o de su puerto deportivo, se puede ir de nuevo hacia el interior (A 387) para visitar **Mijas [pág. 86].** Ello supone una ascensión de unos 400 m de altitud a través de 7 km que conducen a este hermoso pueblo, situado en la falda de la sierra y rodeado de pinos. Además de ser un paraíso para excursionistas, lo es también para las mariposas, que se desarrollan aquí con especial exuberancia y colorido.

Desandando lo andado por la carretera A 387, se vuelve a la costa y se sigue el recorrido hasta Marbella, situada a 28 km de Fuengirola. Al lado de la carretera hay multitud de chalés, urbanizaciones, playas y pinos, además de establecimientos hoteleros, lo que hace que la ruta sea bastante amena.

◄ Mijas.

Así, se llega a **Marbella [pág. 75]**, capital turística de la Costa del Sol, uno de los enclaves míticos del turismo, con uno de los cascos antiguos mejor conservados de toda la costa y lugar de veraneo de la *jet set* internacional.

Dependiendo del tiempo que el viajero pase en Marbella, es recomendable visitar algunos pueblos del interior destacados por su belleza, como **Ojén** (por la A 355), localidad situada en una ladera de la sierra Blanca, a unos 300 m de altitud, en las estribaciones del *Parque Nacional de la Sierra de las Nieves*, y a 5 km de Marbella, que ofrece distintos atractivos: sus vistas, la **iglesia** parroquial **de Nuestra Señora de la Encarnación**, edificada sobre una antigua mezquita de 1505 con reminiscencias moriscas, y su aguardiente, que, antes del auge turístico, junto a la pesca y la molinería de harinas, era una de las facetas más conocidas de Marbella. Desgraciadamente, tras la muerte del hijo del creador, tuvo que dejar de fabricarse pues se llevó a la tumba el secreto de su fórmula. Aunque no es lo mismo, pueden visitarse los museos del Vino y del Aceite.

A la salida de Marbella desde las inmediaciones del lujoso Puerto Banús, se encuentra la carretera A 7176 que lleva a **Istán,** villa maravillosamente emplazada sobre un barranco erosionado por el agua. No es de extrañar, al ver su situación, que el origen de este pueblo fuera un fuerte, ya que desde allí se

◄ El bello pueblo de Ojén.

domina todo el valle del río Verde. El pueblo, de calles empinadas y estrechas, posee una iglesia parroquial del siglo XVI, fuentes dispersas en sus calles, una torre árabe, que formaba parte de la antigua fortaleza y la cueva, donde está instalada la Casa de la Juventud. El paraje natural que rodea al pueblo es de una gran belleza, pudiendo destacarse entre tantos parajes hermosos el paseo del Coto, en el que es posible admirar el bosque mediterráneo de encinas y chaparros salpicado de acequias moriscas rehabilitadas.

Otro lugar interesante es **Benahavís,** que se halla a 7 km de **San Pedro de Alcántara [pág. 92]**, por la carretera MA 547.

Se trata de un pequeño pueblo en el que se combina el carácter rural de las poblaciones de la serranía de Ronda con la moderna infraestructura turística. Benahavís es un típico pueblo blanco, cuyas casas se levantan en una pequeña hondonada del terreno presididas por la espadaña de la iglesia parroquial y por el castillo de Montemayor y otras torres defensivas. En sus inmediaciones, el *paraje de Las Angosturas* ha sido declarado Monumento de Interés Natural.

Como se puede ver, las opciones son varias y difícilmente alguna de ellas decepcionará al viajero. De regreso hacia la ciudad de Málaga, si las energías lo permiten, se puede recalar en **Torremolinos [pág. 94]** y allí pasar algunas horas, ya sea en alguna terraza, algún restaurante o discoteca.

Dónde...

GASTRONOMÍA

La cocina andaluza –sierra, litoral– es tan diferente como diferentes son cada uno de los pueblos que integran la región. Lo mismo, en menor escala, puede decirse de la gastronomía malagueña. En primer lugar debemos tener en cuenta los dos elementos sustanciales que la integran: de una parte los productos de cada lugar y, en segundo término, la tradición aportada por quienes sucesivamente, a lo largo de la historia, la han habitado.

▌Cuatro cocinas

Puede, a nuestro juicio, hablarse de cuatro zonas diferentes: por un lado, Málaga del litoral; por el otro, Málaga del interior, rústica y campera; otra es Málaga de las grandes poblaciones, en especial Antequera y Ronda, y, finalmente, Málaga capital. Esta clasificación sería primaria, sobre todo en los tiempos que corren, si no se tiene en cuenta que, en virtud de la facilidad de las comunicaciones e intercambios, los territorios se hacen permeables a las diferentes influencias de los distintos pueblos que visitan esa tierra. Dichos intercambios son de tal índole que únicamente respecto de platos muy concretos –la porra antequerana, por ejemplo– o mediante una investigación, impropia de quien tan solo desea comer placenteramente, es posible establecer distinciones marcadas y singulares.

▌*Pescaíto* frito

Nadie dudaría en estimar como cocina popular malagueña, procedente de su más genuina tradición, el pescado frito. Este pescado se fríe con aceite de oliva, que fue introducido por los romanos e incrementado de manera notable en su cultivo, uso y comercio por los árabes. Al cabo de los años el plato del frito de pescado –el pescaíto frito– es el más claro representante de la mesa malagueña. Como formando parte de la gastronomía malagueña hemos señalado la que procede de sus dos grandes núcleos de población en el interior, Ronda y Antequera. Sus cocinas participan de las características que son propias de núcleos en los que la agricultura resulta dominante. Los productos de sus campos determinan sus platos, así como la categoría social de muchas de sus mesas. Sin embargo, los tiempos han cambiado y los pescados de la costa llegan a los comedores de dichas ciudades tan frescos como a los chiringuitos de la playa. No obstante, el pescado servido al borde del mar tiene un encanto especial que incluso podría decirse que transciende su sabor.

La cocina de Málaga se encuentra marcada por su cosmopolitismo. Por esta tierra pasaron fenicios que dejaron la salazón, romanos que implantaron el uso del aceite, árabes que importaron las especias. Posteriormente, con el descubrimiento de América, algunos productos como el tomate pasaron a formar parte del plato más representativo, el gazpacho. Con los asentamientos de gallegos, leoneses y aragoneses, la cocina de la Costa del Sol se ve influida por la gastronomía de estos pueblos.

Durante el siglo XIX y XX serán los italianos, alemanes y franceses los que aporten su tradición culinaria a esta tierra.

En los últimos tiempos, especialmente en la parte oriental de la provincia, se preparan originales recetas que introducen los frutos tropicales que tan productivos beneficios está dejando el cultivo en invernadero en esta zona.

Es fácil suponer que con tal amalgama de elementos la genuina tradición haya sido difícil de preservarse a través de los años. Pero, a pesar de ello, han primado los productos del mar y la tierra, muchos de los cuales no tienen paralelos en otros lugares y, por ello, la cocina malagueña existe, aunque no sea a veces fácil de encontrar.

El plato malagueño más extendido es la fritura de pescados. De ellos, el chanquete se encuentra en franca regresión y su pesca y comercialización están prohibidas por las autoridades competentes.

Puedan o no comerse chanquetes, el que le sirvan a uno un buen plato de fritura malagueña con variadas especies de peces, fritos con arte y con estilo –téngase en cuenta que ello no es nada fácil– es un placer que aún puede permitirse quien se pasee por el litoral malagueño, por ese litoral que se llama Costa del Sol.

Gazpachos y sopas

Ocupando un lugar de igual importancia que la fritura, la cocina malagueña ofrece otro plato muy destacado, el ajoblanco. Este es uno de los gazpachos en los que tan pródiga es la tierra andaluza y que a nuestro juicio –y que nos perdonen los demás– es el mejor de todos ellos. Es el rey de los gazpachos. Quien tenga la suerte de comerlo cuando las uvas moscateles se encuentran en sazón no dudará en adherirse a nuestro aserto.

Otra aportación es la sopa cachorreña, hecha con la cáscara de naranjas secas, machacadas en almirez con pimienta, a lo que se añade aceite y trozos de pan desmenuzados, sal y vinagre.

Plato también destacado es la cazuela de fideos con coquinas a la que, además de los componentes que le dan nombre, se añade alcachofa, haba, patata, tomate, pimiento, ajo, perejil, pimentón, hierbabuena y cebolla.

En la parte más occidental de la Costa del Sol, especialmente Marbella, han surgido restaurantes de alto nivel y destacada calidad en los que, sin perjuicio del mantenimiento de las tradiciones de la tierra, se han llevado a cabo innovaciones culinarias.

Restaurantes

Málaga

Al-Yamal
- ✉ Blasco de Garay, 7.
- ☎ 952 212 046.
- 🍽 Precio medio: 40 €.

El que busque una experiencia gastronómica distinta, aquí tiene una cocina marroquí de calidad.

El Figón de Juan
- ✉ Pasaje Esperanto, 1.
- ☎ 952 287 547.
- 🌐 https://restaurante figondejuan.com
- 🍽 Precio medio: 50 €.

Ubicado en una zona comercial, es un lugar popular, con un ambiente clásico. Cocina tradicional, con productos de gran calidad. Como ejemplo: rabo de toro, chopitos a la plancha y el delicioso arroz con leche.

Amador
- ✉ Bandaneira, 6.
- ☎ 952 432 862.
- 🌐 www.restaurante amador.com
- 🍽 Precio medio: 50 €.

Restaurante del hotel Villa Guadalupe. Terraza cubierta con fantásticas vistas. Cocina española con acertados toques creativos.

La Cosmopolita
- ✉ José Denis Belgrano, 3.
- ☎ 952 215 827.
- 🌐 www.lacosmopolita.es
- 🍽 Precio medio: 40-60 €.

En el corazón peatonal del casco antiguo de Málaga. Local sencillo con una decoración acogedora con toque rústico. Buena cocina de mercado, centrada en la tradición culinaria andaluza, en la cultura del guiso y en los productos de temporada. Para todo ello emplean técnicas actuales.

El Merendero de Antonio Martín
- ⊚ Plaza de la Malagueta, 4.
- ☎ 951 776 502.
- 🌐 http://www. grupogorki.es
- 🍽 Precio medio: 45 €.

Casa tradicional malagueña fundada en 1886. Magnífica terraza frente al mar con lo mejor de la cocina tradicional malagueña.

Asador Iñaki
- ✉ Ayala, 38-40.
- ☎ 952 312 265.
- 🌐 https://asadoriñaki malaga.com
- 🍽 Precio medio: 40 €.

Prepara un pulpo a la brasa y un taco de atún extraordinarios. Además, estupenda variedad de carnes que sacan del fuego en el punto exacto.

Candamil
- ✉ Cuarteles, 15.
- ☎ 952 323 907.
- 🌐 www.restaurante candamil.com
- 🍽 Precio medio: 35 €.

Muy cerca de la Estación del Ave, un estupendo lugar para todo el que se incline por la gastronomía gallega. Caldo gallego, pulpo a la gallega y un montón de especialidades más.

El Chinitas
- ✉ Moreno Monroy, 4.
- ☎ 952 210 972.
- 🌐 www.elchinitas.com
- 🍽 Precio medio: 40 €.

Su nombre evoca el del famoso café que existió en el Pasaje del mismo nombre, que se encuentra en la inmediata plaza de la Constitución. Cocina cien por cien andaluza, honrada a carta cabal.

El Farolito
- ✉ Beatas, 14.
- ☎ 600 364 375.
- 🍽 Precio medio: 35 €.

Carnes argentinas de calidad en un local pequeñito y acogedor.

María
- ✉ Avda. del Pintor Joaquín Sorolla, 45.
- ☎ 952 601 195 y 652 926 065.
- 🌐 www.restaurante maria.es
- 🍽 Precio medio: 45 €.

Gran variedad de arroces y un magnífico lechazo asado son las bazas principales de este establecimiento, grato y acogedor.

Mesón Mariano
- ✉ Granados, 2.
- ☎ 952 211 899.
- 🍽 Precio medio: 45 €.

Establecimiento frecuentado por políticos y gente del cine y de la cultura en general. Su estratégica situación es un atractivo, pero el principal son los apetitosos platos de los montes que ofrecen. También especialidades malagueñas y andaluzas.

Maricuchi
- ✉ Paseo Marítimo el Pedregal, 14.
- ☎ 952 200 612.
- 🌐 www.andres maricuchi.com
- 🍽 Precio medio: 35 €.

Entre los muchos restaurantes y chiringuitos que existen en el paseo marítimo de Pedregalejo, este es el que suele llenarse. Espetos, frituras y pescados a la espalda.

Mesón Astorga
- ✉ Gerona, 11.
- ☎ 952 346 832.
- 🌐 http://mesonastorga.com
- 🍽 Precio medio: 40 €.

Cocina española con ciertas dosis de creatividad. Se puede comer a base de tapas y medias raciones. Tiene buenos vinos.

Miguel
- ✉ Puerto, 4.
- ☎ 952 226 840.
- 🌐 https://restaurante miguelmalaga.es
- 🍽 Precio medio: 40 €.

Una tasca veterana en la que se come francamente bien a base de platos de cuchara que cambian a diario, pescados y carnes como el lechazo o el solomillo de buey.

La Plaza Málaga
- ✉ Plaza de la Merced, 18.
- ☎ 952 608 491.
- ✉ Alcazabilla, 7.
- ☎ 952 607 722.
- 🌐 https://laplazamalaga.com
- 🍽 Precio medio: 25 €.

De todos los bares y restaurantes que hay en esta emblemática plaza, este es el de mejor relación calidad/precio. Practica la cocina mediterránea, con platos vegetarianos y otros de fusión. Se puede comer muy bien a base de picoteo. Abrió otro local Alcazabilla.

Tormes
- ✉ San Agustín, 13.
- ☎ 952 222 063.
- 🌐 https://restaurante tormes.com
- 🍽 Precio medio: 30 €.

Situado enfrente del Museo Picasso, este es un establecimiento tradicional, sobrio, que practica una solvente cocina de mercado a precios muy asequibles. Tiene una terracita muy agradable.

Toro-Muelle Uno
- ✉ Muelle Uno.
- ☎ 951 109 209.
- 🌐 www.toromuelleuno.com
- 🍽 Precio medio: 45 €.

Ubicado en el mismo puerto, bajo el paseo de la Farola y con una espectacular decoración moderna, aquí sirven, de manera principal, excelentes carnes a la brasa, cuidadas tapas tradicionales y catas de vino.

Uvedoble
- ✉ Alcazabilla, 1.
- ☎ 951 248 478.
- 🌐 www.uvedoble taberna.com
- 🍽 Precio medio: 25 €.

Cerca del Teatro romano y la Alcazaba, una moderna y cálida taberna que sirve tapas originales y recetas de cocina española actualizada. También cuenta con la opción de "carta para llevar".

El Vegetariano de la Alcazabilla
- ✉ Pozo del Rey, 5.
- ☎ 952 214 858.
- 🌐 https://elvegetariano delaalcazabilla.com
- 🍽 Precio medio: 25 €.

Al pie de la Alcazaba. Un lugar muy agradable para los aficionados a la cocina vegetariana. Ofrece platos veganos. Buenos vinos ecológicos de origen español, y cervezas ecológicas. Terraza.

Vino Mío
- ✉ Plaza Jerónimo Cuervo, 2 (junto al Teatro Cervantes).
- ☎ 952 609 093.
- 🌐 www.restaurante vinomio.es
- 🍽 Precio medio: 40 €.

Original establecimiento decorado con gusto en el que se practica la cocina de fusión y creativa, incluyendo platos vegetarianos y veganos. Abierto de miércoles a domingo, sirven comida desde las 13 h. Tiene una excelente bodega y se puede comer a base de tapas.

Antequera

Arte de Cozina
- ✉ Calzada, 27.
- ☎ 952 840 014.
- 🌐 https://artedecozina.com
- 🍽 Precio medio: 25 €.

Establecimiento con gran encanto para comer a base de tapas o en serio. En ambos casos ofrecen lo mejor de la cocina antequerana con toques creativos.

Caserío San Benito
- ✉ A-45, salida 86, Dirección Málaga Córdoba s/n.
- ☎ 670 418 467.
- 🌐 www.caserio desanbenito.com
- 🍽 Precio medio: 40 €.

Ubicado en una casona rústica del siglo XVIII, rodeada de olivares. Ofrecen cocina tradicional andaluza.

Benalmádena

Escorpio
- ✉ Maestro García Álvarez.
- ☎ 636 451 724.
- 🌐 www.restaurante escorpio.es
- 🍽 Precio medio: 45 €.

Restaurante de La Fonda hotel. Cocina mediterránea, creativa y variada donde se mezclan los sabores del mar y la montaña.

Sopranos
- ✉ Avda. Blas Infante, 28.
- ☎ 610 036 682.
- 🍽 Precio medio: 25 €.

Este es un sitio sencillo, pero muy agradable, especialmente la terraza

con el buen tiempo. Preparan los platos habituales de la cocina andaluza, pero bien hechos y con productos de calidad. Se puede comer a base de tapas.

Los Mellizos Puerto Marina
- ✉ Dársena de Levante, 24. Puerto Marina.
- ☎ 952 440 752.
- 🌐 https://losmellizos.net
- 🍽 Precio medio: 40 €.

Amplia carta de arroces y pescados de gran calidad en un establecimiento amplio y luminoso.

La Perla
- ✉ Ibiza, 12.
- ☎ 952 568 166.
- 🌐 https://restaurante laperla.net
- 🍽 Precio medio: 50 €.

Sitio elegante. Gastronomía andaluza actualizada con originales y exquisitas salsas. Tiene un menú degustación.

Estepona

El Campanario
- ✉ Del Priorato, 1. Urb. El Campanario.
- ☎ 952 904 233.
- 🌐 https://elcampanario resort.com
- 🍽 Precio medio: 35 €.

Ubicado en el club del Campanario Golf & Country House, un lugar distinguido, destaca su comedor en el jardín. Cocina internacional con toques de autor.

Grill El Carnicero Cancelada
- ✉ Marqués del Duero, 29. Urb. Nueva Cancelada.
- ☎ 952 886 307.
- 🌐 www.restaurante elcarnicero.com
- 🍽 Precio medio: 45 €.

Agradable establecimiento con decoración rústica muy acogedora.

Cocina mediterránea, con base en las carnes y el pescado.

El Galeón
- ✉ Pl. Almengual, 20.
- ☎ 672 587 420.
- 🍽 Precio medio: 25 €.

Un buen lugar para tapear o comer, ubicado en una pequeña plaza peatonal. Buen ambiente y precio razonable.

La Escollera
- ✉ Puerto Pesquero, 10. Junto a la Lonja.
- ☎ 952 806 354.
- 🍽 Precio medio: 30 €.

Uno de los mejores lugares para comer pescado, recién sacado del mar. Lo mejor, la fritura, en su punto exacto, pero todo aquí es bueno y en raciones abundantes. Suele llenarse pronto.

Taberna Diez
- ✉ Calle Real, 68.
- ☎ 689 435 537.
- 🌐 https://tabernadiez.es
- 🍽 Precio medio: 50 €.

Con tres ambientes distintos, este local del centro de Estepona ofrece elaboraciones de gran calidad a un precio muy ajustado.

Fuengirola

Aroma
- ✉ Moncayo, 23.
- ☎ 689 471 697.
- 🌐 www.aroma restaurante.es
- 🍽 Precio medio: 45 €.

Ejemplo de alta cocina con propuestas innovadoras y fuertes dosis de creatividad, sin olvidar las esencias caseras. Pescados y carnes frescas reciben un excelente tratamiento.

La Carihuela Chica
- ✉ Plaza San Rafael, s/n. Los Boliches.

- ☎ 952 660 673.
- 🌐 https://lacarihuela chica.com
- 🍽 Precio medio: 45 €.

Amplio establecimiento con vistas a la playa y con un buen aparcamiento. Aquí puede saborearse a satisfacción excelentes pescados al horno y a la sal, arroces, fideuás y zarzuelas de mariscos.

Bodega Charolais
- ✉ Larga, 14.
- ☎ 952 475 441.
- 🌐 www.bodegacharolais. com
- 🍽 Precio medio: 40-60 €.

Con dos locales anexos y comunicados, uno se dedica a restaurante y el otro más a las tapas. Carta tradicional que apuesta por una cocina vasco-andaluza. Amplia oferta de vinos. Terraza.

El Higuerón
- ✉ Autovía de la Costa del Sol, salida 1008.
- ☎ 952 119 163.
- 🌐 https://elhigueron. com
- 🍽 Precio medio: 50 €.

Excelente cocina de fusión andaluza y asturiana. Platos de cuchara tradicionales, parrilla, asados, así como pescados y mariscos frescos con vistas al mar.

La Langosta
- ✉ Francisco Cano, 1. Los Boliches.
- ☎ 952 475 049.
- 🌐 https://restaurante lalangosta.net
- 🍽 Precio medio: 40 €.

Pequeño y acogedor. Uno de los más antiguos de Fuengirola, y de los más seguros. Trabaja de manera principal el marisco y los pescados, a los que aplica recetas de altura. Abre de lunes a sábado de 9 h a 23 h.

Los Marinos José
- ✉ Paseo Marítimo Rey de España, 161. Carvajal.
- ☎ 952 661 012.
- 🍽 Precio medio: 55 €.

Variedad de pescados y mariscos de frescura impecable, que se pueden degustar fritos, guisados o a la plancha. Todo un icono de la cocina marinera de la Costa del Sol.

Palangreros
- ✉ Palangreros, 22.
- ☎ 952 586 957.
- 🖥 www.restaurante palangreros.com
- 🍽 Precio medio: 30 €.

Cocina mediterránea, con línea tradicional y preferencia por las carnes, bien elaborada, de calidad y servida con profesionalidad y agrado.

El Río
- ✉ Manuel Fernández, 1.
- ☎ 952 664 311.
- 🍽 Precio medio: 25 €.

Cocina andaluza con los platos de siempre, pero con productos de calidad. Raciones muy abundantes.

Santorini
- ✉ Paseo Marítimo Rey de España, 99. Torreblanca.
- ☎ 952 663 096.
- 🍽 Precio medio: 30 €.

Establecimiento de cocina griega auténtica en primera línea de playa. Carta amplia y platos abundantes.

Bodega La Solera
- ✉ Capitán, 13.
- ☎ 952 467 708.
- 🖥 www.restaurante lasolera.es
- 🍽 Precio medio: 35 €.

Cocina mediterránea con platos creativos. Buena selección de vinos, tablas de ibéricos y exquisitas tapas.

Marbella

Casa Eladio
- ✉ Virgen de los Dolores, 6.
- ☎ 952 770 083.
- 🖥 https://restaurante casaeladio.com
- 🍽 Precio medio: 40-70 €.

Cocina innovadora en un establecimiento enteramente renovado, clásico y, a la par, sencillo. Excelente servicio.

Casa Tua
- ✉ Virgen del Pilar, 17.
- ☎ 653 998 670.
- 🖥 www.casatua marbella.com
- 🍽 Precio medio: 35 €.

Local ubicado detrás del faro del Paseo Marítimo de Marbella. Cocina italiana con toques de modernidad. Dispone de una agradable terraza exterior.

Marbella Patio
- ✉ Virgen de los Dolores, 4.
- ☎ 952 775 429.
- 🖥 https://restaurante marbellapatio.com
- 🍽 Precio medio: 35 €.

Cocina mediterránea muy bien elaborada en un marco sumamente agradable, que tiene por eje el patio interior de una casa junto al castillo de Marbella. Ofrecen también menú infantil.

Messina
- ✉ Avda. Severo Ochoa, 12.
- ☎ 952 864 895.
- 🖥 https://restaurante messina.com
- 🍽 Precio medio: 65 €.

Establecimiento de carácter familiar con un ambiente romántico y acogedor. Practica una cocina sumamente creativa, muy elaborada y con presentaciones sorprendentes, que fusiona los sabores mediterráneos y suramericanos.

El Patio de Mariscal
- ✉ Virgen de los Dolores, 3.
- ☎ 952 867 701.
- 🍽 Precio medio: 45 €.

Un patio andaluz con una enorme higuera bajo la que se disponen las mesas y decoración arábiga. En la cocina preparan pescados salvajes de verdad y sumamente frescos.

La Tirana
- ✉ Santa Ana, 13.
- ☎ 952 863 424.
- 🖥 www.restaurante latirana.com
- 🍽 Precio medio: 35 €.

Instalado en una antigua casa marbellí de los años cuarenta del siglo xx con un espléndido jardín y fuentes de estilo andaluz. Cocina creativa de corte casero siempre andaluz.

Nerja

Merendero La Barca
- ✉ Camino de Burriana, s/n.
- ☎ 952 526 927.
- 🖥 www.merendero labarca.es
- 🍽 Precio medio: 30 €.

El paseo marítimo de la playa de Burriana está a rebosar de restaurantes. Este es muy recomendable tanto por sus pescados como por sus arroces. Se puede comer a base de espetos.

Cielito Lindo
- ✉ El Barrio, 26.
- ☎ 952 527 495.
- 🍽 Precio medio: 30 €.

Curioso restaurante mexicano en el que pueden encontrarse las auténticas especialidades de la cocina nacional charra, en un ambiente, por otra parte, de lo más propicio. Conviene reservar.

El Refugio
- ☒ Diputación Provincial, 12.
- ☎ 627 876 169.
- 🖩 Precio medio: 30 €.

Establecimiento cálido, acogedor, para degustar platos de la cocina casera andaluza, como la zarzuela de pescado.

Sollun
- ☒ Pintada, 9.
- ☎ 952 525 569.
- 🖰 https://sollun restaurante.com
- 🖩 Precio medio: 45 €.

Cocina andaluza muy sólida y bien elaborada, con toques creativos y excelente presentación.

Ojén

El Fogón de Flore
- ☒ Ctra. A 355 Marbella-Cártama, km 32,5.
- ☎ 952 881 072.
- 🖰 www.elfogondeflore. com
- 🖩 Precio medio: 25 €.

Especialidades de la serranía malagueña en un jardín con piscina a disposición de los clientes.

Ronda

Azahar
- ☒ Jerez, 25. Hotel Catalonia Reina Victoria Wellness & Spa.
- ☎ 952 871 240.
- 🖰 https://eboca restaurants.com
- 🖩 Precio medio: 40 €.

Cocina tradicional rondeña y mediterránea con notas modernas y creativas en un marco elegante con vistas excepcionales.

Casa Clemente
- ☒ Molino de Alarcón, s/n.
- ☎ 951 166 184.
- 🖰 https://casaclemente. es
- 🖩 Precio medio: 25 €.

Al lado de los baños árabes. Sitio eminente-mente popular, sin lujos, pero con una cocina casera de categoría por la excelente elaboración de los platos. Y el precio inmejorable.

Pedro Romero
- ☒ Virgen de la Paz, 18.
- ☎ 952 871 110.
- 🖰 www.rpedroromero. com
- 🖩 Precio medio: 40 €.

Restaurante de gran tradición, situado frente a la plaza de toros y de ambiente muy taurino. Cocina rondeña bien actualizada.

Sensur Gastrobar
- ☒ Virgen de la Paz, 26.
- ☎ 952 187 072.
- 🖰 www.hotel maestranzaronda.com
- 🖩 Precio medio: 30 €.

Restaurante del hotel Maestranza. Cocina rondeña, española e internacional. Cuenta con una excelente bodega.

Torremolinos

Antoxo
- ☒ Hoyo, 5.
- ☎ 952 384 533.
- 🖰 https://antoxo.com
- 🖩 Precio medio: 35 €.

La calidad alta y el precio ajustado constituyen el orgullo de este establecimiento sito en el centro de Torremolinos. En él pueden saborear-se pescados y mariscos gallegos junto a platos andaluces.

El Bodegón
- ☒ Plaza Unión Europea.
- ☎ 656 695 349.
- 🖩 Precio medio: 30 €.

Al lado de la calle San Miguel, pero sin el bullicio de esta. Lugar recomendable por su carta variada de comida internacional con un toque francés, sus buenas carnes y su buen servicio.

Los Brocales
- ☒ Camino de los Pinares, 1.
- ☎ 952 383 538.
- 🖩 Precio medio: 30 €.

Las carnes, asadas o en guisos, como el rabo de toro, y los platos tradicionales, como las migas, centran la sólida cocina de este establecimiento.

Caliu
- ☒ Avda. de España, 18.
- ☎ 611 756 611.
- 🖰 www.caliu restaurant.net
- 🖩 Precio medio: 30 €.

Ubicado en una casa de dos plantas, con un recoleto patio con un gran níspero bajo el que se cena de maravilla en verano. Cocina nacional e internacional, sin creatividades, pero correcta.

Casa El Lebeche
- ☒ Carmen, 39.
- ☎ 952 382 533.
- 🖩 Precio medio: 35 €.

Todo tipo de pescados, pero el frito que hacen aquí pasa por ser el mejor de la zona.

Casa Juan Los Mellizos
- ☒ San Ginés, 20.
- ☎ 952 373 512.
- 🖰 https://losmellizos. net/casa-juan-torremolinos
- 🖩 Precio medio: 35 €.

Es uno de los más antiguos de La Carihuela y uno de los grandes en la preparación del pescado y de los mariscos.

Frutos
- ☒ Avda. de la Riviera, 80.
- ☎ 952 381 450.
- 🖩 Precio medio: 50 €.

Cocina de mercado en un clásico en la zona. Sus mariscos son de lo mejor. Prepara también guisos malagueños y el tartar de ternera es insuperable. Cuentan con terraza.

La Huerta

✉ Decano Higueras del Castillo, 1.
☎ 952 374 224.
🖥 Precio medio: 30 €.

Platos de la gastronomía andaluza en un ambiente de mesón campero muy familiar.

Olas de Levante

✉ Bulto, 26.
☎ 951 630 689.
🌐 https://restaurante olasdelevante.es
🖥 Precio medio: 30 €.

Cocina casera con los platos de la gastronomía malagueña. Mariscos y arroces. Local popular en el que es posible comer y muy bien a base de tapas.

La Reserva de Antonio

✉ Plaza del Remo, 6.
☎ 952 050 735.
🌐 https://lareserva deantonio.com
🖥 Precio medio: 35 €.

Un local tradicional que sigue siendo de los más concurridos. Sus elaboraciones de pescado gozan de mucha calidad. Tiene también muy buena bodega.

El Sardiná

✉ Paseo Marítimo, Los Álamos, s/n.
☎ 952 051 563.
🖥 Precio medio: 35 €.

Los espetos de este chiringuito tienen fama de ser de lo mejor de Torre-molinos. Local familiar con excelentes vistas al mar.

El Yate

✉ Paseo Marítimo.
☎ 952 021 945.
🌐 https://chiringuito elyate.com
🖥 Precio medio: 33 €.

Sus pescados y mariscos son excelentes, las paellas todavía mejor. Estupenda terraza frente a las olas.

4 Cuartos

✉ Casablanca, 27.
☎ 671 150 851.
🖥 Precio medio: 33 €.

Restaurante con encanto que ofrece platos de cocina tradicional.

▌Tapeo

Málaga

En el **centro histórico** de Málaga hay una infinidad de bares excelentes para tomar el aperitivo y tapear. Lo mejor es empezar por el más veterano, la **Antigua Casa de Guardia** (Alameda Principal, 18), fundada nada menos que en 1840, con excelentes vinos de Málaga y tapas de mariscos. **Quitapenas** es una bodega malagueña que tiene dos buenas tabernas en la capital, una en la calle Marín García y otra en Sánchez Pastor.

Una taberna selecta es **El Trillo**, en Juan Díaz: atención a sus flamenquines. **El Pimpi** (calle Granada) es una institución casi sagrada para beber el vino como en un templo.

La plaza Uncibay es otra de las localizaciones célebres. Aquí está el bar **Los Gatos,** colosal.

En **La Cepa**, calle Strachan, sirven muy buen bacalao, y en **La Farola de Orellana,** en Moreno Monroy, bartolitos, palitos de pescado empanado. **La Taberna del Obispo** (plaza del Obispo) cuenta con una espléndida terraza desde la que contemplar la catedral mientras se saborea su magnífica sangría y algunas de sus muy buenas tapas. **El Tapeo de Cervantes,** en calle Cárcer, pequeñito, tiene buenos ibéricos. En Carretería, **La Tranca** es un bar de toda la vida, de los que todavía llevan la cuenta con tiza en la barra, con estupendas tapas, entre las que destaca su ensaladilla.

La plaza de la Merced es un lugar inolvidable. Aquí está el **Cortijo de Pepe,** un mesón que pasa por ser uno de los mejores lugares donde se tapea en Málaga. Luego hay una serie de bares que durante el día sirven tapas y por la noche copas, entre ellos, **Picasso.** En la calle Alcazabilla, la **Taberna Uvedoble** tiene tapas creativas, como los fideos negros con calamaritos.

La Malagueta es otro gran espacio de tapeo. En la playa, además, hay una serie de chiringuitos en los que sirven muy buenos espetos.

Antequera

En la Oficina Municipal de Turismo disponen de folletos en los que, además de los monumentos y lugares más atractivos de Antequera, figuran los bares en los que se puede tapear. Son muchos y están repartidos por la ciudad. Aquí se seleccionan algunos de los más atractivos. Alcachofas rellenas y embutidos son especialidades de **Florida,** que está en la calle Lucena. **La Bombonera,** en Bombeo, sirve surtidos de ibérico. **El Rincón de Lola,** en Encarnación,

es una taberna pequeñita con terraza veraniega, que ofrece cosas como la hamburguesita de rabo de toro o el tartar de atún. **Chicón**, en Infante don Fernando, pone bocaditos de flamenquín ibérico. **Carrera** está en la calle del mismo nombre; sirve rabo de toro. **Boulevard Fox**, en Alameda Andalucía, tiene una gran terraza, buenos vinos y vermú, y tapas como lomo a la sal o callos. Si es verano, el cierre se prolonga por la noche y se puede tomar una copa después del tapeo.

Marbella

El casco histórico de Marbella es un paraíso para los que gustan de ir picoteando de un lugar a otro: los bares de tapas aparecen casi en cada calle. **El Cordobés** está en Arte, 7; **Bartolo**, **La Niña del Pisto** y **El Estrecho**, son famosos en San Lázaro, el último con más de 50 años de servicio. En Peral, una de las calles más clásicas, tienen especial fama **Arco** y **Sidrería Paca**. Otros locales a tener en cuenta en el casco histórico

son **Casa Curro**, en calle Pantaleón, **El Cortijo**, en Remedios, y **Tierraranda**, en San Lázaro.
Entre el centro y el mar, los bares son de mayor calado. En Duque de Ahumada, por ejemplo, está **La Bodega del Mar**. Un lugar especial, de visita obligada, es **La Polaca**, en Haza del Mesón, en una casona del siglo XVIII, decorada al gusto de los años cuarenta a setenta y con una buena carta de tapas. En Miguel Cano hay varias tabernas muy visitadas, como **Casa Blanca**.

Ronda

Son muchos los bares y restaurantes que ofrecen estupendas cartas de tapas. Se distribuyen por toda la ciudad, aunque la mayor concentración se encuentra en el centro, en el llamado **barrio del Mercadillo**. Entre los más afamados están **Hermanos Macías** (Pedro Romero), **Bodega El Socorro** (Molino), **Casa María** (Rueda Alameda), **Taberna El Puente**, en calle Nueva, **Casa Ortega** (plaza del Socorro), y **Toro Tapas** (Vicente Espinel).

Torremolinos

En la **calle San Miguel y sus alrededores** se produce la mayor concentración de bares de tapeo, todos con *pescaíto* frito y tapas caseras. En la calle Mercedes, **Guerola** es célebre por sus vinos de Málaga, lo mismo que **Casa Flores**, una bodega con buenos mariscos en la avenida de Palma de Mallorca. Un sitio espectacular es **La Viña de Ale**, en Salvador Allende, con una estupenda carta de tapas modernas de mucha calidad.
El otro gran lugar de tapeo es **La Carihuela**. Aquí se encuentran los grandes templos del pescado y la gente acude en masa casi a cualquier hora a comerlo no solo formalmente en los restaurantes, sino a base de raciones en cualquier de sus numerosos bares. **Casa Paco** prepara unos espetos estupendos. El *pescaíto* frito lo hacen francamente bien en **La Jábega**, **La Gaviota**, **Casa Florido**, **La Coquina** y **Los Pescadores**. Carta más amplia y a precios más asequibles en **Olas de Levante**.

▌Alojamientos

Málaga

Hotel Vincci Selección Posada del Patio*****
✉ Pasillo de Santa Isabel, 7.
☎ 951 001 020.
🖥 www.vincciposada delpatio.com
✉ Habitación doble: desde 160 €.
Completísimo en todos los aspectos, incluida su inmejorable situación.

Gran Hotel Miramar*****GL
✉ Paseo de Reading, 22.
☎ 952 603 000.
🖥 www.granhotel miramarmalaga.com
✉ Habitación doble: desde 400 €.
Inaugurado en 1926 por Alfonso XIII, el fastuoso Miramar reabrió en 2017, tras 50 años inactivo, para convertirse en el primer Gran Lujo de Málaga.

AC Hotel by Marriott Malaga Palacio****
✉ Cortina del Muelle, 1.
☎ 952 215 185.
🖥 www.marriott.com
✉ Habitación doble: desde 160 €.
Su exorbitante altura rompe la línea urbana que se asoma al mar. A cambio, ofrece extraordinarias vistas. Piscina en la azotea.

Hotel MS Maestranza****
✉ Avda. Cánovas del Castillo, 1.
☎ 952 213 610.
🖰 www.hotelms maestranza.com
🖵 Habitación doble: desde 125 €.

En La Malagueta. Ideal para los que buscan tanto el conocimiento de la ciudad como la diversión.

Hotel Sallés Málaga Centro****
✉ Mármoles, 6.
☎ 952 070 216.
🖰 www.hotelmalaga centro.com
🖵 Habitación doble: desde 130 €.

Establecimiento de nueva planta con todas las comodidades modernas. Piscina, solárium y restaurante.

Hotel Larios****
✉ Marqués de Larios, 2.
☎ 952 222 200.
🖰 www.hotellarios malaga.com
🖵 Habitación doble: desde 130 €.

El gran clásico de Málaga, que ha sabido modernizarse y adaptarse a las exigencias del viajero actual. Perfecto para entrar a fondo en la ciudad. Magnífica terraza ubicada en la última planta.

Hotel NH Málaga****
✉ San Jacinto, 2.
☎ 952 071 323.
🖰 www.nh-hotels.com
🖵 Habitación doble: desde 100 €.

El lujo, confort y atención propios de la cadena NH, al otro lado del río, junto al antiguo convento de Santo Domingo.

Hotel Ilunion Málaga****
✉ Paseo Marítimo Antonio Machado, 10.
☎ 952 046 000.
🖰 www.ilunionmalaga. com
🖵 Habitación doble: desde 110 €.

Magnífico establecimiento de nueva construcción en primera línea de playa. Edificado con las últimas técnicas arquitectónicas de respeto al medio ambiente. Sauna, piscina cubierta y lugar de desanso.

Parador de Málaga Gibralfaro****
✉ Castillo de Gibralfaro.
☎ 952 221 902.
🖰 https://paradores.es
🖵 Habitación doble: desde 190 €.

Excepcional emplazamiento junto al castillo. Vistas soberbias de la ciudad.

Atarazanas Málaga Boutique Hotel***
✉ Atarazanas, 19.
☎ 952 121 910.
🖰 https://hotel-atarazanas-malaga. com
🖵 Habitación doble: desde 90 €.

Cómodo, excelentemente situado, edificio histórico reformado.

Hotel Soho Boutique Bahía Málaga****
✉ Somera, 8.
☎ 952 224 305.
🖰 www.sohohoteles.com
🖵 Habitación doble: desde 170 €.

Garaje propio, buena situación. Habitaciones muy bien dotadas.

Antequera

Hotel Convento La Magdalena*****
✉ Urb. Antequera Golf, s/n.
☎ 951 060 352.
🖰 www.hotel lamagdalena.com

Ocupa el antiguo convento de San Pedro de Alcántara, del siglo XVI.

Hotel Antequera Golf****
✉ Urbanización Santa Catalina, s/n.
☎ 952 917 417.
🖰 www.golfantequera. com
🖵 Habitación doble: desde 85 €.

Situado en las proximidades de la salida hacia El Torcal. Un lujo asequible.

Hotel Finca Eslava****
✉ Ctra. Córdoba, km 120.
☎ 952 844 934.
🖰 www.hotelfinca eslava.com
🖵 Habitación doble: desde 75 €.

Soberbia cortijada andaluza situada en un lugar inmejorable, rodeada de jardines.

Hotel Fuente del Sol****
✉ Paraje Rosas Bajas, s/n. La Joya.
☎ 670 467 210.
🖰 https://hotelfuente delsol.com
🖵 Habitación doble: desde 120 €.

Espléndido hotel rural situado en pleno Torcal, con preciosas vistas al mismo.

Parador de Turismo***
✉ García del Olmo, 2.
☎ 952 840 261.
🖰 https://paradores.es
🖵 Habitación doble: desde 90 €.

Tiene 55 habitaciones con todos los servicios propios de esta cadena y está en la misma ciudad. Jardines, piscina, restaurante.

Hotel Lozano***
✉ Avda. Principal, 2.
☎ 952 842 712.
🖵 Habitación doble: 75 €.

Situado a 5 minutos en coche del centro de Antequera. Habitaciones cómodas, con restaurante y aparcamiento.

Benalmádena

Hotel Estival Torrequebrada*****
- ✉ Avda. del Sol, 89. Benalmádena Costa.
- ☎ 952 579 5 00.
- 🖰 www.estivalgroup. com
- 🛏 Habitación doble: desde 90 €.

Gran edificio de 14 plantas en el que tienen cabida 340 glamurosas habitaciones y el casino del mismo nombre.

Hotel Best Benalmádena****
- ✉ Avda. del Sol, s/n. Benalmádena Costa.
- ☎ 952 445 088.
- 🖰 www.besthotels.es
- 🛏 Habitación doble: desde 80 €.

En primera línea de playa. Habitaciones muy funcionales, pero acogedoras.

Med Playa Hotel Riviera****
- ✉ Avda. Antonio Machado, 49.
- ☎ 951 989 315.
- 🖰 www.medplaya.es
- 🛏 Habitación doble: desde 130 €.

Uno de los clásicos de Benalmádena. Sus habitaciones, perfectamente conservadas, miran al mar y al puerto. Cuenta con bar, restaurante, piscina, pistas de tenis y gimnasio.

Hotel Vincci Selección Aleysa*****
- ✉ Antonio Machado, 57.
- ☎ 952 565 566.
- 🖰 www.vinccialeysa.com
- 🛏 Habitación doble: desde 200 €.

Aunque está en la playa y tiene vistas al mar, este establecimiento es una buena alternativa a los grandes complejos playeros. Un alojamiento selecto y exclusivo en un entorno tranquilo.

Hotel Mac Puerto Marina****
- ✉ Avda. Puerto Deportivo, s/n.
- ☎ 952 961 696.
- 🖰 www.macpuerto marina.com
- 🛏 Habitación doble: desde 120 €.

Espléndido complejo hotelero, con toda la delicadeza arquitectónica y el confort de esta apreciable cadena. Habitaciones distribuidas en cuatro plantas, con amplios espacios abiertos, jardines y piscina.

Medplaya Hotel Bali***
- ✉ Avda. de Telefónica, 7.
- ☎ 951 989 315.
- 🖰 www.medplaya.es
- 🛏 Habitación doble: desde 75 €.

Este establecimiento ofrece bastantes más servicios de los que correspondería a sus tres estrellas. Tiene programa de animación, piscina cubierta y dos piscinas al aire libre, pista de tenis, restaurante, etc. Quizás por ello es uno de los más famosos de Benalmádena.

MedPlaya Hotel Alba Beach**
- ✉ Albatros, 1.
- ☎ 951 989 315.
- 🖰 www.medplaya.es
- 🛏 Habitación doble: desde 70 €.

Agradable establecimiento que cuenta con jardín, piscina y restaurante. Sus habitaciones, decoradas con sencillez y efectividad, tienen terraza y baño completo.

Estepona

Hotel Elba Estepona*****
- ✉ Ctra. Estepona-Cádiz, km 151.
- ☎ 952 809 200.
- 🖰 www.hoteleselba.com

A 3 km del centro de Estepona, gran hotel con habitaciones de distintos tipos, todas de lujo y con espléndidas vistas al mar.

Kempinsky Hotel Bahía Estepona*****
- ✉ Autovía Mediterráneo, km 159.
- ☎ 952 809 500.
- 🖰 www.kempinski.com
- 🛏 Habitación doble: desde 350 €.

Impresionante establecimiento de gran lujo situado en el corazón de unos jardines tropicales.

Hotel Exe Estepona****
- ✉ Camino de Brijan, s/n.
- ☎ 952 899 499.
- 🖰 www.eurostarshotels. com
- 🛏 Habitación doble: desde 110 €.

Solo adultos. Gran piscina entre palmeras, zona de juegos, centro de salud y belleza, restaurante y cafetería.

Hotel TRH Paraíso****
- ✉ Ctra. N 340, km 167. Urbanización El Paraíso.
- ☎ 952 883 000.
- 🖰 www.hoteltrhparaiso. com
- 🛏 Habitación doble: desde 66 €.

Complejo hotelero que cuenta incluso con un servicio de medicina china.

Hotel H10 Estepona Palace****
- ✉ Avda. del Carmen, 99. Playa de Guadalobón.
- ☎ 952 790 040.
- 🖰 www.h10hotels.com
- 🛏 Habitación doble: desde 85 €.

Precioso enclave de estilo andaluz a menos de un kilómetro del puerto deportivo y en primera línea de playa.

Casa de la Borrega
- ✉ Correo Viejo, 6.
- ☎ 952 802 764.
- 🖥 https://casalaborrega.es
- 🛏 Apartamento/día: desde 95 €.

Un concepto distinto para las vacaciones de playa: preciosa casa palaciega perfectamente restaurada y dividida en apartamentos, en pleno centro de la ciudad. Tranquilidad, confort y una atención personalizada.

Fuengirola

Hotel Ángela Playa****
- ✉ Calle Jaén, 2.
- ☎ 952 475 200.
- 🖥 www.hotel-angela.com
- 🛏 Habitación doble: desde 85 €.

Decorado en estilo andaluz. 261 habitaciones con terraza y vistas al mar.

Hotel Las Palmeras****
- ✉ Martínez Catena, 6.
- ☎ 952 472 700.
- 🖥 www.fergushotels.com
- 🛏 Habitación doble: desde 55 €.

Gran complejo hotelero con vistas al puerto deportivo. Dispone de dos piscinas, pista de tenis, garaje, cafetería y restaurante.

Hotel Las Pirámides****
- ✉ Miguel Márquez, 43.
- ☎ 952 470 600.
- 🖥 www.hotellaspiramides.com
- 🛏 Habitación doble: desde 86 €.

Moderno hotel que dispone de 320 habitaciones suntuosas y funcionales, todas con terraza con vistas al mar.

Hotel IPV Palace & Spa****
- ✉ Ctra. N 340, km 207.
- ☎ 952 922 000.
- 🖥 www.hotelipvpalace.com
- 🛏 Habitación doble: desde 160 €.

Situado junto al castillo de Sohail, goza de una privilegiada posición frente al mar, al que asoman las terrazas de sus 285 habitaciones equipadas con todos los detalles.

Leonardo Hotel Fuengirola Costa del Sol****
- ✉ Doctor Gálvez Ginachero, s/n.
- ☎ 952 922 700.
- 🖥 www.leonardo-hotels.es
- 🛏 Habitación doble: desde 70 €.

Frente a la playa, al borde del paseo marítimo y al lado del puerto. Cuenta con 184 habitaciones con vistas al mar y muy alegres.

Hotel Ilunion Fuengirola****
- ✉ Paseo Marítimo Rey de España, 87.
- ☎ 952 921 000.
- 🖥 www.ilunionfuengirola.com
- 🛏 Habitación doble: desde 60 €.

Espectacular establecimiento de diseño vanguardista, con amplios espacios diáfanos y luminosos. 180 habitaciones amplias y perfectamente equipadas. Restaurante, cafetería, aparcamiento y piscina.

Hotel Yaramar****
- ✉ Paseo Marítimo Rey de España, 64.
- ☎ 952 921 100.
- 🖥 www.hotelyaramar.es
- 🛏 Habitación doble: desde 80 €.

Gran establecimiento vacacional que cuenta con 242 cómodas habitaciones. Buen ambiente. Con vistas a la playa de Los Boliches.

Marbella

Hotel Guadalpín Banús*****
- ✉ Edgar Neville, s/n.
- ☎ 952 899 700.
- 🖥 www.granhotelguadalpin.com
- 🛏 Habitación doble: desde 110 €.

Magnífico complejo hotelero situado en la conocida Milla de Oro de Marbella. Exclusividad y excelencia. También cuenta con un buen restaurante.

Hotel Río Real Golf Hotel*****
- ✉ Urb. Río Real Golf.
- ☎ 952 765 732.
- 🖥 https://rioreal.com
- 🛏 Habitación doble: desde 190 €.

Resort en medio de un campo de golf y a 5 km de la ciudad. Dispone solo de 30 habitaciones exquisitamente amuebladas y con un equipamiento completísimo. Lujo y tranquilidad.

Alanda Marbella Hotel*****
- ✉ Boulevard Príncipe Alfonso Von Hohenlohe, s/n.
- ☎ 952 899 600.
- 🖥 www.alandamarbellahotel.com
- 🛏 Habitación doble: desde 120 €.

Situado en la conocida Milla de Oro, este es un soberbio y refinado establecimiento. Spa con piscina cubierta, saunas, baños de vapor, etc.

Hotel Puente Romano*****
- ✉ Boulevard Príncipe Alfonso Von Hohenlohe, s/n.
- ☎ 952 820 900.
- 🖥 www.puenteromano.com
- 🛏 Habitación doble: desde 650 €.

Uno de los grandes hoteles de lujo con más encanto de Marbella. Sus habitaciones se distribuyen en pequeñas edificaciones de tres plantas sobre un jardín subtropical. En él se ubica la famosa discoteca *Olivia Valeré*.

Iberostar Selection Marbella Coral Beach****
- ✉ Ctra. N 340, km 176. Urb. Coral Beach.
- ☎ 952 824 500.
- 🌐 www.iberostar.com
- 🛏 Habitación doble: desde 120 €.

En primera línea de playa y en un jardín en el que predominan las palmeras. Arquitectura andaluza con influencias árabes.

Hotel Barceló Marbella****
- ✉ Urbanización Guadalmina, s/n.
- ☎ 952 889 099.
- 🌐 www.barcelo.com
- 🛏 Habitación doble: desde 90 €.

Establecimiento de carácter andaluz rodeado por dos campos de golf.

Hotel El Fuerte****
- ✉ Avda. El Fuerte, s/n.
- ☎ 951 562 004.
- 🌐 www.elfuertemarbella. com

En el centro de Marbella, a la altura de la playa de Venus. Confortables habitaciones con vistas al mar y al paseo. Piscinas, pistas de tenis, gimnasio, sauna, piano-bar...

Hotel Marbella Club*****
- ✉ Bulevar Príncipe Alfonso Von Honhelohe, s/n.
- ☎ 952 822 211.
- 🌐 www.marbellaclub. com
- 🛏 Habitación doble: desde 450 €.

Uno de los pioneros de Marbella. Complejo formado por casas andaluzas y bungalós en magníficos jardines subtropicales.

Hotel Lima Marbella****
- ✉ Avda. Antonio Belón, 2.
- ☎ 952 770 500.
- 🌐 https://hotellima marbella.com
- 🛏 Habitación doble: desde 105 €.

Uno de los primeros que se levantaron en Marbella, aunque ha sido renovado. Estilo español, sobrio y elegante. Céntrico.

Mijas

Hotel La Cala*****
- ✉ Urb. La Cala Golf.
- ☎ 952 669 016.
- 🌐 www.lacala.com
- 🛏 Habitación doble: desde 161 €

Impresionante complejo entre dos campos de golf, refinado, colorista y bello. Habitaciones amplias y con todo lujo de detalles. Piscina, restaurante y toda clase de servicios.

Ilunion Hacienda de Mijas****
- ✉ Ctra. Mijas-Fuengirola, km 4.
- ☎ 952 486 400.
- 🌐 www.ilunionhacienda demijas.com
- 🛏 Habitación doble: desde 60 €.

Complejo rodeado de hermosos jardines. Alejado del bullicio de la costa, invita al descanso. Dispone de muy buenas instalaciones para niños, dos restaurantes y sus habitaciones son amplias y comodísimas.

TRH Mijas****
- ✉ Tamisa, 2.
- ☎ 952 485 800.
- 🌐 www.trhmijas.com
- 🛏 Habitación doble: desde 50 €.

Ubicado en la falda de la Sierra de Mijas. Rodeado de jardines subtropicales y con vistas al mar. Habitaciones cómodas y climatizadas.

La Posada de Mijas
- ✉ Coín, 47.
- ☎ 952 485 310.
- 🌐 https://laposada demijas.es
- 🛏 Habitación doble: 54 €.

Alojamiento con encanto en el centro del pueblo, que ofrece apartamentos y estudios de estilo andaluz, con vistas al mar y a la montaña.

Nerja

Parador de Turismo****
- ✉ Almuñécar, 8.
- ☎ 952 520 050.
- 🌐 www.parador.es
- 🛏 Habitación doble: desde 170 €.

Situado sobre el paseo marítimo de la famosa playa de Burriana y con todos los servicios propios de esta cadena. Edificio moderno. Muchas de sus habitaciones con vistas al mar.

Hotel Balcón de Europa****
- ✉ Paseo Balcón de Europa, 1.
- ☎ 952 520 800.
- 🌐 www.hotelbalcon europa.com
- 🛏 Habitación doble: desde 130 €.

Excelente situación y servicios. Vistas al mar.

Hotel Riu Mónica****
- ✉ Playa de la Torrecilla, s/n.
- ☎ 952 521 100.
- 🌐 www.riu.com
- 🛏 Habitación doble: desde 110 €.

Un edificio moderno en medio de un jardín y en el paseo marítimo de la playa de la Torrecilla.

Aparthotel Ona Marinas de Nerja****
- ✉ Ctra. N 340, km 289,5.
- ☎ 932 029 611.
- 🖰 www.onahotels.com
- 🛏 Estudio/día: desde 69 €.

Situado ante el mar, tiene un estilo diáfano de evocación árabe.

Hotel Perla Marina****
- ✉ Mérida, 7.
- ☎ 952 523 350.
- 🖰 www.hotelperla marina.com
- 🛏 Habitación doble: desde 45 €.

Se encuentra en el pueblo y al borde del mar. Habitaciones con amplias terrazas.

Hotel José Cruz***
- ✉ Lucena, 60. Playa de Burriana.
- ☎ 952 524 446.
- 🛏 Habitación doble: desde 80 €.

Dispone de 16 habitaciones con aire acondicionado y terraza con vistas.

Hotel Plaza Cavana***
- ✉ Plaza Cavana, 10.
- ☎ 952 524 000.
- 🖰 www.hotelplaza cavana.com
- 🛏 Habitación doble: desde 130 €.

Un establecimiento notable situado en la plaza más alegre de Nerja. Las habitaciones son amplias y elegantes, muchas con terraza a la plaza. Piscina y solárium en la azotea. Garaje.

Hotel Villa Flamenca***
- ✉ Andalucía, 1.
- ☎ 951 558 855.
- 🖰 www.hotelvilla flamenca.com
- 🛏 Habitación doble: desde 90 €.

Muy cerca de la playa de Burriana. Habitaciones gustosamente decoradas. Restaurante, bar y piscina exterior.

Hotel Puerta del Mar**
- ✉ Gómez, s/n.
- ☎ 952 527 304.
- 🖰 www.hotelpuerta delmar.es
- 🛏 Habitación doble: 75 €.

Situado detrás de la plaza Cavana, cerca de las zonas de ambiente. 24 habitaciones. Servicio atento y una decoración muy agradable. Baño completo, aire acondicionado, TV...

Ronda

Parador de Ronda****
- ✉ Plaza de España, s/n.
- ☎ 952 877 500.
- 🖰 https://paradores.es
- 🛏 Habitación doble: desde 120 €.

En pleno centro de la ciudad, a la vera del Tajo y en un solemne edificio que fue ayuntamiento y también mercado. Jardines con piscina. Algunas habitaciones dúplex con terraza.

Hotel Montelirio****
- ✉ Tenorio, 8.
- ☎ 952 873 855.
- 🖰 www.hotelmonte lirio.com
- 🛏 Habitación doble: desde 105 €.

Magníficas habitaciones, regiamente decoradas, en un palacio al borde mismo del Tajo. Vistas espectaculares.

Hotel Catalonia Reina Victoria****
- ✉ Jerez, 25.
- ☎ 952 871 240.
- 🖰 www.cataloniahotels. com
- 🛏 Habitación doble: desde 95 €.

Cambió de nombre pero sigue siendo el Hotel Reina Victoria en el que se alojó el poeta Rilke, cuya habitación se conserva tal cual.

Hotel Acinipo****
- ✉ Paseo Blas Infante, s/n.
- ☎ 952 161 002.
- 🖰 https://hotelacinipo. com
- 🛏 Habitación doble: desde 80 €.

Establecimiento de nueva construcción situado junto a la plaza de toros. Habitaciones amplias, la mayoría con vistas. Arquitectura vanguardista y mobiliario funcional combinado con antigüedades y obras de arte. Espectaculares vista del Tajo. Aparcamiento, restaurante.

Hotel Don Miguel***
- ✉ Plaza de España, 4.
- ☎ 952 877 722.
- 🖰 www.hoteldon miguelronda.com
- 🛏 Habitación doble: desde 65 €.

Junto al Puente Nuevo y sobre las rocas del vertiginoso precipicio. Espléndidas vistas, especialmente desde su reconocido restaurante.

Soho Boutique Palacio San Gabriel****
- ✉ Marqués de Moctezuma, 19.
- ☎ 952 190 392.
- 🖰 www.sohohoteles. com
- 🛏 Habitación doble: desde 70 €.

Ubicado en un palacio exquisito al lado de la plaza del Gigante. Alojamiento con encanto con una cuidada decoración.

Hotel Alavera de los Baños***
- ✉ Molino de Alarcón, s/n.
- ☎ 952 879 143.
- 🖰 https://alaverade losbanos.com
- 🛏 Habitación doble: desde 85 €.

Establecimiento lleno de encanto, situado en

uno de los lugares más bellos de la ciudad, junto a los antiguos baños agarenos. Romántico y sensual, con un precioso jardín morisco. Tiene aparcamiento y restaurante.

Hotel Ronda Moments***
- ✉ Partida los Morales, 28.
- ☎ 665 827 862.
- 🌐 www.hotelronda moments.com
- 🛏 Habitación doble: desde 75 €.

Situado a unos 4 km de Ronda, cuenta con 15 habitaciones, piscina exterior, solárium y restaurante.

Torremolinos

Bluesea Gran Hotel Cervantes****
- ✉ De las Mercedes, s/n.
- ☎ 952 384 033.
- 🌐 www.blueseahotels. com
- 🛏 Habitación doble: desde 100 €.

En el centro comercial de Torremolinos, gran establecimiento moderno. Piscina en la azotea.

Hotel Meliá Costa del Sol****
- ✉ Paseo Marítimo, 11. Playa del Bajondillo.
- ☎ 952 386 677.
- 🌐 www.melia.com
- 🛏 Habitación doble: desde 120 €.

Hotel moderno y funcional en primera línea de playa y con un gran centro de talasoterapia.

Hotel Pez Espada****
- ✉ Salvador Allende, 11.
- ☎ 951 989 315.
- 🌐 www.medplaya.es
- 🛏 Habitación doble: desde 170 €.

Primer hotel de lujo que existió en la ciudad. Dispone de un jardín tropi-

cal y de 205 habitaciones equipadas con gran refinamiento.

Hotel Riu Nautilus****
- ✉ Salvador Allende, 39.
- ☎ 952 385 200.
- 🌐 www.riu.com
- 🛏 Habitación doble: desde 150 €.

A 7 km de Torremolinos, frente a la playa. Cuenta con 293 habitaciones funcionales y sumamente alegres.

Hotel Bluesea Al-Ándalus****
- ✉ Al Ándalus, 3.
- ☎ 951 553 366.
- 🌐 www.blueseahotels. com
- 🛏 Habitación doble: desde 100 €.

Rodeado de jardines tropicales, se encuentra en una zona tranquila próxima a la Carihuela.

Hotel Sol Torremolinos-Don Pablo****
- ✉ Bajondillo, 55.
- ☎ 952 383 888.
- 🌐 www.melia.com
- 🛏 Habitación doble: desde 105 €.

Muy cerca de la playa del Bajondillo. Dispone de excelentes instalaciones para congresos y convenciones. Piscinas exteriores, jacuzzi.

Hotel MS Tropicana****
- ✉ Trópico, 6.
- ☎ 952 386 600.
- 🌐 www.hotelms tropicana.com
- 🛏 Habitación doble: desde 120 €.

Tiene 110 habitaciones, con balcón o terraza y con una decoración sólida y noble. Restaurante, piscina y zona ajardinada.

Hotel Fénix Torremolinos Adults Only****
- ✉ Las Mercedes, 22.
- ☎ 952 051 994.

- 🌐 www.thepalmexpe riencehotels.com
- 🛏 Habitación doble: desde 70 €.

Un ascensor baja hasta la playa del Bajondillo desde el edificio de este moderno hotel construido contra el acantilado. Restaurante, cafetería, piscina climatizada, jardín, gimnasio, sauna...

Hotel Puente Real****
- ✉ Paseo Marítimo, 79.
- ☎ 952 376 514.
- 🌐 www.puentereal.com
- 🛏 Habitación doble: desde 105 €.

Un coloso de nueva planta en primera línea de playa. 371 habitaciones, amplias, modernas y completas, y todos los servicios. Cuenta con opciones "todo incluido".

Hotel Isabel***
- ✉ Paseo Marítimo, 47. Playamar.
- ☎ 952 381 744.
- 🌐 www.hotelisabel.es
- 🛏 Habitación doble: 90 €.

En primera línea de playa, todas las habitaciones con terraza y vistas al mar.

AluaSun Lago Rojo****
- ✉ Miami, 1. La Carihuela.
- ☎ 912 186 256.
- 🌐 www.aluahotels.com

Piscina, jardines, garaje y habitaciones amplias con aire acondicionado.

AluaSoul Costa Málaga****
- ✉ Avda. Isabel Manoja, 9.
- ☎ 912 186 256.
- 🌐 www.hyattinclusive collection.com

Cuenta con 243 habitaciones cómodas y alegres, con terraza. Dispone también de restaurante, zona ajardinada, piscina, salón social, discoteca y aparcamiento.

Hotel Torremolinos Centro***
- ✉ **Plaza de la Independencia, 12.**
- ☎ **951 537 106.**
- 🌐 **https://torremolinos centrohotel.com**
- 🛏 **Habitación doble: desde 51 €.**

Antiguo hotel situado en el centro de Torremolinos, en su zona comercial, remodelado y muy luminoso. Buenas relación calidad-precio.

Hotel Apartamentos Bajondillo
- ✉ **Paseo Marítimo.**
- ☎ **952 382 422.**
- 🌐 **www.bajondillo.com**

Apartamentos con vistas al mar. Piscina exterior, jardines, restaurante y cafetería.

Apartamentos María del Carmen
- ✉ **Borbollón, 5.**
- ☎ **952 387 855.**
- 🌐 **www.apartamentos mariadelcarmen.com**
- 🛏 **Habitación doble: desde 59 €.**

Con siete apartamentos y dos estudios amplios y modernos, bien equipados. Buena ubicación cerca de la playa La Carihuela.

Apartamentos Casablanca
- ✉ **Paseo Marítimo de la Carihuela, 101.**
- ☎ **602 617 032.**
- 🛏 **Habitación doble: desde 50 €.**

Apartamentos y estudios frente a la playa, terrazas con vistas. Lugar acogedor, sencillo y tranquilo.

Vélez-Málaga

Hotel Palacio Blanco**
- ✉ **Félix Lomas, 4.**
- ☎ **952 549 174.**
- 🌐 **www.palacioblanco. com**
- 🛏 **Habitación doble: desde 95 €.**

Pequeño hotel con habitaciones cómodas y bien acondicionadas, que ocupan un antiguo palacio del siglo XVIII restaurado con cuidado. Piscina, solárium y bar.

Hotel Dila**
- ✉ **Avda. Vivar Téllez, 3.**
- ☎ **952 503 900.**
- 🌐 **www.hoteldila.com**
- 🛏 **Habitación doble: desde 70 €.**

Funcional hotel con habitaciones bien equipadas. A destacar la sauna y la bañera de hidromasaje. Muy buena ubicación en el centro de la población.

BBou Hotel Cortijo Bravo***
- ✉ **Carretera Vélez-Benamocarra, km 1,5.**
- ☎ **951 550 048.**
- 🌐 **www. hotelcortijobravo.com**
- 🛏 **Habitación doble: desde 105 €.**

Magnífico establecimiento rural ubicado en un paraje insólito, en medio de una extensa plantación de aguacates. Buen gusto tanto en la arquitectura, de corte andaluz señorial, como en la decoración. Tiene piscina y restaurante y sus 21 habitaciones gozan de todo lujo de detalles.

Apartamentos La Casa de las Titas
- ✉ **Magdalena, 2.**
- ☎ **952 502 061.**
- 🌐 **https://lacasadelas titas.com**
- 🛏 **Habitación doble: desde 61 €.**

Apartamentos turísticos completamente equipados. En una casa señorial del siglo XIX rehabilitada, en pleno centro histórico de Vélez. Lugar con encanto. Piscina exterior y terraza. Excelente trato y amabilidad.

Casa Bambú Resort
- ✉ **Diseminado Los Pepones, 63.**
- ☎ **644 668 059.**
- 🌐 **https://casabambu resort.com**
- 🛏 **Habitación doble: desde 61 €.**

Alojamiento solo para adultos con piscina exterior en temporada, bar y jardín. En medio de la naturaleza pero cerca de Vélez Málaga. Seis apartamentos independientes en los que poder disfrutar de la tranquilidad que ofrece su entorno. Trato amable y cercano de sus dueños.

Información práctica

OFICINAS
DE TURISMO

▌ Málaga capital

**Oficina de
Turismo de la
Junta de Andalucía**
✉ Plaza de la Consti-
tución, 7. Casa del
Consulado.
☎ 951 308 911.
🖥 www.andalucia.org

Oficina municipales
✉ Pza. de la Marina, 11.
☎ 951 926 020.
🖥 https://visita.
malaga.eu

**Centro de Recepción
de Visitantes Ben
Gabirol**
✉ Granada, 70.
☎ 951 929 250.
🖥 https://visita.
malaga.eu
🕐 Cerrado temporal-
mente.

**Puntos de Información
Turística**
✉ Plaza de la
Aduana, s/n (a los
pies de la Alcaza-
ba, junto al teatro
romano).
✉ Aeropuerto de
Málaga. Llegadas
del T3.
☎ 951 294 003.

CALENDARIO DE FIESTAS

▌ Febrero

Fiestas de la Candelaria

En **Genalguacil**, los vecinos del pueblo, durante la noche, encienden hogueras en torno a las cuales se bailan danzas típicas.

Carnaval

En la **capital** se celebra el carnaval durante casi todo el mes de febrero, concentrándose la fiesta en los fines de semana. Hay una espectacular cabalgata con carretas engalanadas, comparsas, murgas y chirigotas, de influencia gaditana, que recorre las principales calles de la ciudad.

▌ Marzo

Semana Santa

Declarada de Interés Turístico, la Semana Santa malagueña es particularmente espectacular y solemne. Destaca la procesión del Señor de los Gitanos, el Lunes Santo; la cofradía de Nuestro Padre Jesús el Rico, el Miércoles Santo, con el privilegio desde tiempos de Carlos III de liberar esa noche a un preso; el Cristo de la Buena Muerte y la Esperanza Perchelera, esta última de gran devoción entre los malagueños, el Jueves.

En **Frigiliana** destaca la procesión del Viernes Santo. En primer lugar desfilan los hombres ataviados con trajes largos y pelucas dieciochescas. Cuando termina la procesión se inicia la de las mujeres que, vestidas de luto, recorren, con las mismas imágenes, el mismo itinerario.

En el pueblo **Riogordo,** el Viernes y Sábado Santo se celebra El Paso; con este nombre se conoce a la escenificación de la Pasión de Cristo en la que intervienen como actores centenares de vecinos del pueblo.

En **Alhaurín el Grande** hay dos cofradías, conocidas como "los moraos" y "los verdes", que salen Jueves y Viernes Santo, disputan por exhibir los mejores palos y troncos con un extraordinario acompañamiento musical.

En **Nerja,** interesante procesión el Viernes Santo. En **Antequera** desfilan diez cofradías con veinte tronos. Destaca el Santo Entierro.

En **Iznate,** el Domingo de Resurrección los vecinos del pueblo buscan en el cementerio la imagen de Cristo, previamente escondida por uno de ellos. Cuando la encuentran disparan salvas y se inician las fiestas. Hay verdiales y fandangos del lugar.

▮ Abril

Romería de San Marcos. En Cuevas de San Marcos, el 25 de abril, con carretas engalanadas y caballos andaluces se marcha al pantano de Iznájar, a unos 3 km del pueblo, donde se celebra una comida campestre amenizada por cantes y bailes. Es tradicional la costumbre de "atar al diablo", que consiste en hacer un nudo a una rama de retama sin que se rompa; conseguirlo se interpreta como un signo de buena suerte.

▮ Mayo

Cruces de Mayo. En Coín se organizan los concursos de las Cruces de Mayo, el día 3, adornándose las calles y balcones, y tiene lugar una popular feria de ganado. En **Torrox** también hay concursos de Cruces de Mayo.

Romería de San Antón. En Mijas, el primer domingo del mes. Procesión de las imágenes de San Antón y San Isidro. Carrozas y caballistas y comida campera.

San Isidro Labrador. En Estepona, del 11 al 15 de mayo, se festeja esta feria agrícola y ganadera. Misa flamenca, romería, concursos y flamenco.

Romería de San Isidro. En Nerja, el día 15. Romería con carretas engalanadas y caballistas.

▮ Junio

Feria de San Bernabé. En Marbella, durante la primera quincena de junio. El recinto ferial se instala en los Molinos de Viento. Se inician los festejos con la procesión del Santo y continúa la fiesta con desfiles de carretas, verbenas, concursos de doma, corridas de toros y otras atracciones.

Romería de la Virgen de la Cabeza. El segundo domingo de junio, en **Ronda,** caballistas ataviados con el traje rondeño acompañan a la imagen de la Virgen durante esta romería. A continuación se celebra una misa flamenca y una comida campestre.

▮ Julio

Feria y fiestas mayores
En **Estepona,** del 3 al 10. Desfile de carrozas, concurso de jinetes, novillada y fuegos artificiales.

Fiestas de la Virgen del Carmen
Fuengirola (Los Boliches), el día 26. Procesión marítima, bailes y misa flamenca. Destaca el Festival Flamenco de Santa Fe de los Boliches.

OFICINAS DE TURISMO

▮ Provincia

Álora
✉ Plaza Fuente de Arriba, 15 (junto al Ayuntamiento).
☎ 951 062 136, 952 496 100.
🖥 www.alora.es

Antequera
✉ Encarnación, 4.
☎ 952 702 505/ 8 305.
🖥 https://turismo. antequera.es

Archidona
✉ Plaza Ochavada, 2.
☎ 952 716 479.
🖥 www.archidona.es

Benalmádena
✉ Antonio Machado, 78 (interior del Castillo El Bil Bil).
☎ 952 442 494.
🖥 https://turismo. benalmadena.es

Casares
✉ Casa museo de Blas Infante. Carrera, 51.
☎ 952 895 521.
🖥 www.casares.es

Cómpeta
✉ Avda. de la Constitución, 1.
☎ 952 553 685.
🖥 www.competa.es
🖥 https://turismo competa.com

OFICINAS DE TURISMO

Estepona
- Plaza de las Flores, s/n.
- 952 802 002.
- https://turismo.estepona.es

Frigiliana
- Cuesta del Apero, 8.
- 952 534 261.
- www.turismo frigiliana.es

Fuengirola
- Paseo Marítimo, 32. Plaza Theresa Zabell.
- 952 467 457.
- https://turismo.fuengirola.es

Marbella
- Glorieta de la Fontanilla, s/n.
- 952 768 760.
- Pza. de los Naranjos, s/n.
- 952 768 707.
- https://turismo.marbella.es

Mijas
- Avda. Virgen de la Peña, 2.
- 952 589 034.
- https://turismo.mijas.es

Nerja
- Carmen, 1 (Ayuntamiento).
- 952 521 531.
- https://visita.nerja.es

Puerto Banús
- Plaza Antonio Banderas, s/n.
- 952 768 749.
- https://turismo.marbella.es

En **Málaga,** procesión marítima. En el barrio de El Palo hay una popular "moraga". Y en el de Campanillas un festival de cante.

En **Marbella,** procesión por las calles y playas de la localidad, verbenas y veladillas.

En **Nerja,** procesión marítima, regatas y moragas en la playa.

En **Rincón de la Victoria,** del 14 al 19 de julio. Se celebra una misa marinera y a continuación sale la procesión marítima. También hay fuegos artificiales, verbenas y concurso de verdiales.

En **Vélez-Málaga,** del 15 al 17 de julio. Veladilla del Carmen, con procesión marítima, fuegos artificiales, verbenas, espectáculos taurinos y pandas de verdiales.

Fiestas patronales de Santiago y Santa Ana
En **Torre del Mar** entre los días 23 y 26. Hay que destacar en estas fiestas la procesión marinera, la actuación de grupos de danza, las verbenas y los fuegos artificiales.

Agosto

Feria y fiestas de San Roque
En **Tolox,** durante la procesión del día 16 de agosto se produce la tradicional *cohetá* en la que se lanzan miles de cohetes mientras repican las campanas de la iglesia. Al paso de la imagen de San Roque, los vecinos le lanzan productos de la tierra en agradecimiento.

Feria. Tiene lugar en la ciudad de **Málaga,** del 13 al 21 de agosto. Durante esta fiesta se conmemora la toma de Málaga por los Reyes Católicos. En el centro de la ciudad y en el recinto ferial se suceden los desfiles de carrozas engalanadas, caballistas, coches de caballos y participantes a pie que acuden vestidos con el traje típico. El programa de fiestas y concursos es continuo durante estas fechas y en él hay que destacar la tradicional semana taurina, en la plaza de la Malagueta.

Feria y fiestas patronales de la Virgen de Gracia
En **Archidona,** del 15 al 19 de agosto. El primer día de estas fiestas se lleva a cabo una procesión nocturna que acaba con una misa a medianoche. Bailes en las casetas de la feria durante todas las fiestas, que culminan con una procesión de la Virgen por el camino alto de las murallas.

Fiestas de la Recolección
En **Antequera,** del 18 al 25 de agosto, se celebran estas fiestas con corridas de toros, verbenas, veladas, concursos, mercado de ganado y competiciones deportivas.

Fiestas de San Isidoro
En **Benadalid,** entre los días 27 y 29 de agosto. Hay que destacar las representaciones de Moros y Cristianos en honor del patrón de la villa. Se le suele llamar El Cautiverio.

Fiestas del Ajoblanco
En **Almachar,** durante la segunda quincena de agosto. Es costumbre degustar este gazpacho frío, a base de almendras, que va acompañado de uvas o pasas.

Fiestas de la Asunción
En **Cómpeta,** durante la segunda quincena de agosto, se celebra la Noche del Vino, con degustación de vino de la tierra. Se organizan concursos y bailes populares.

❙ Septiembre

Fiesta de la Vendimia
En **Manilva,** el primer domingo de septiembre. Desfile de gigantes y cabezudos, pasacalles, concurso de disfraces y obsequio de uvas.

Feria y fiestas de Pedro Romero
En **Ronda,** durante la primera quincena de septiembre. El atractivo principal de estas fiestas se centra en las tradicionales corridas goyescas, en las que los matadores y sus cuadrillas visten con trajes de época. La feria se instala en la Alameda del Tajo; en ella se celebra un festival de cante además de un desfile de caballistas y amazonas.

Fiestas de la Virgen de Monsalud. En Alfarnate, del 12 al 16. Hay una representación de Moros y Cristianos y una procesión que finaliza con una lucha en la que los moros se llevan cautiva a la Virgen. Poco después una nueva batalla permite a los cristianos rescatar la imagen que es devuelta a su ermita tras una ofrenda en la plaza del pueblo.

Fiesta de San Miguel
En **Torremolinos,** del 24 al 29. El domingo se lleva a cabo una gran romería con carrozas engalanadas, jinetes y amazonas. A continuación se prepara una paella gigante que se come acompañada de los vinos de la tierra. Feria durante los días siguientes.

Real Feria de San Miguel
En **Vélez-Málaga,** entre los días 24 y 29. Se organizan verbenas, concursos de fandangos y verdiales, feria de ganado, cucañas y regatas, en la localidad de Torre del Mar.

❙ Octubre

Feria y fiestas del Rosario. En Fuengirola del 6 al 12. Lo más destacado es el concurso de doma y

TRANSPORTES

▮ Aeropuerto de Málaga

- ✉ Avda. de García Morato, s/n.
- ☎ 913 211 000.
- 🖥 www.aena.es
- 🖥 www.aeropuerto demalaga-costa delsol.com

▮ Puerto de Málaga

- ✉ Muelle de Cánovas.
- ☎ 952 125 012.
- 🖥 www.puerto malaga.com

▮ Ferrocarriles

Estación María Zambrano
- ✉ Explanada de la Estación, s/n. Málaga.
- ☎ 912 320 320.
- 🖥 www.renfe.com

Estación Antequera-Santa Ana
- ✉ Ctra. MA 5406, km 6. Antequera.
- ☎ 912 320 320.
- 🖥 www.renfe.com

Estación de Ronda
- ✉ Avda. de Andalucía.
- ☎ 912 320 320.
- 🖥 www.renfe.com

enganche y la romería que se celebra en el Esparragal. También se organizan verbenas, corridas de toros, verdiales y bailes populares.

Feria y fiestas patronales. En **San Pedro de Alcántara** entre los días 25 y 29. Se inician con una misa flamenca; hay espectáculos taurinos y en las casetas de la feria son habituales las actuaciones musicales. Hay que destacar la romería y la feria de ganado.

▮ Diciembre

Fiestas de las Migas

En **Torrox,** el domingo anterior al día 25, en la plaza de la Constitución se preparan migas para todos los asistentes. Además hay actuaciones de grupos folclóricos y de verdiales.

Fiestas de Verdiales

En **Málaga,** el 28 de diciembre, día de los Inocentes, se concentran las pandas de verdiales de la provincia, con sus instrumentos musicales y su vistosa indumentaria. Los hombres llevan unos vistosos sombreros llenos de cintas, espejos y flores, pantalón de pana, pañuelo al cuello y faja roja; el traje de las mujeres está compuesto de una blusa, falda de percal, delantal y alpargatas, atadas con cintas.

ESPACIOS NATURALES PROTEGIDOS

Parque Natural Montes de Málaga

En las cercanías de la ciudad de Málaga, en zona de media montaña y valles sembrados de densos pinares. **Acceso:** desde Málaga por la A 45 o por la A 7000 hacia Colmenar.

Parque Natural Sierra de Grazalema

Comparte territorio con la provincia de Cádiz. Gracias a la abundancia de precipitaciones durante todo el año se ha labrado una orografía de cuevas, taludes y cañones de impresionante belleza. La vegetación de pinsapos, alcornoques, encinas, etc., le confieren un valor que le valió la declaración en 1977 de Reserva de la Biosfera por la Unesco. **Acceso:** desde Ronda por la A 374.

Parque Nacional Sierra de las Nieves

Su accidentado relieve surcado de barrancos y desfiladeros es otro de los espacios Reserva de la Biosfera desde 1995. Entre sus especies vegetales destaca el pinsapo, quejigo, sabina negral, arce y castaño. En este enclave habitan especies protegidas como el gato montés, el águila imperial o la nutria en el río Verde. Su altura máxima es el pico Torrecilla (1.917 m). **Acceso:** desde Tolox por la MA 412.

Parque Natural de los Alcornocales

Es el mayor alcornocal de la península Ibérica y uno de los más importantes del mundo. Las 170.000 ha que ocupa se extienden desde Tarifa, en el sur de Cádiz, hasta Cortes de la Frontera, en el noroeste de Málaga. La mayor parte del bosque está cubierta por alcornoques, en ocasiones mezclados con acebuches, quejigos, robles melojos.

Además de los alcornocales hay que destacar "los canutos", auténticos bosques subtropicales, hoy día desaparecidos del continente europeo salvo en Turquía y España. Estas sierras presentan gran riqueza en rapaces, de las cuales se cuentan hasta 18 especies.

Parque Natural de las Sierras de Tejeda, Almijara y Alhama

Protegido desde 1999, este parque está formado por un impresionante macizo montañoso situado como barrera geográfica entre las provincias de Málaga y Granada. El pico Maroma (2.068 m) es la atalaya dominante.

El nombre de Tejeda deriva del elevado número de tejos que en otro tiempo poblaron la sierra. Hoy dominan los pinares, aunque existe una pequeña tejeda, de las mejor conservadas de Andalucía. La fauna más destacada la protagoniza la cabra montés. Accesos desde Frigiliana, Cómpeta o Alcaucín.

Además de estos parques naturales, en otra categoría están los *parajes naturales* de la *Desembocadura de Guadalhorce, Desfiladero de los Gaitanes, Los Reales de Sierra Bermeja, Sierra Crestellina, El Torcal de Antequera* (a 12 km de Antequera; acceso por la carretera 3310 en dirección a Villanueva de la Concepción) y los *acantilados de Maro-Cerro Gordo.*

Las Reservas Naturales de Málaga, importantes espacios para la avifauna son la *Laguna de Fuente de Piedra*, *Laguna de la Ratosa, Laguna de Archidona* y *Laguna de Campillos.*

TRANSPORTES

I Estaciones de autobuses

Málaga
- Paseo de los Tilos, s/n.
- 952 350 061.
- https://estabus.malaga.eu

Antequera
- Paseo García del Olmo, s/n.
- www.alsa.es

Estepona
Avanza
- Avda. de España, s/n.
- 900 921 895.
- www.avanzabus.com

Fuengirola
Avanza
- Avda. Condes de San Isidro, s/n.
- 900 921 895.
- www.avanzabus.com

Marbella
Avanza
- Avda. Trapiche, s/n.
- 900 921 895.
- www.avanzabus.com

Ronda
Avanza
- Pza. Concepción García Redondo, s/n.
- 900 921 895.
- www.avanzabus.com

Índice de lugares

Dónde...

GASTRONOMÍA

Confeccionar una guía gastronómica de Asturias es fácil, porque podríamos recomendar casi todos los sitios. Es cocina popular sin picaresca. Aquí el que no coma bien es porque no quiere o se desorienta en los lugares de batalla. Otro aspecto positivo es la gran afabilidad y trato buen humorado que existe en los lugares: merenderos, sidrerías o chigres, fondas, cantinas, cabañas o puertos pesqueros.

La sidra

Es el producto patrio por antonomasia, como bebida y como rito social. Una libación refrescante, digestiva, tonificante y diurética que se sigue tomando en muchos restaurantes, aunque cada vez esté más restringido su consumo por las incomodidades que pueda suponer el escanciado tradicional en los comedores. La sidra tiene capitalidad compartida en Nava, Villaviciosa, Pola de Siero y Contrueces. Tres palabras ha de aprender quien se inicie: *chigre,* o bar de la sidra con todo su ceremonial a cuestas; *culín,* moderada cantidad que se escancia al canto del vaso en elegante postura; y *espicha,* fiesta en el propio *llagar* en que la sidra salida por el lugar de la "espita" del barrilón, es acompañada por empanadas, lacón, huevos cocidos, nécoras, chorizos perrunos y demás ligerezas. La Sidra de Asturias cuenta con una Denominación de Origen Protegida que ampara dos variedades: la natural y la sidra de doble fermentación en botella, cuya principal cualidad es la recuperación de gas carbónico que proviene de la segunda fermentación; se aconseja servir a 7 ºC.

La faba y la fabada

La faba es el pilar de toda una teoría culinaria. Se mima su cultivo; se selecciona con pasión su calidad y calibre. Guisada queda suave, pero tersa. En la boca desaparece el pellejo por alguna magia y se muestra harinosa fundida en los sabores del compango, o acompañamiento cárnico, que es chorizo, tocino, lacón, costillas, oreja y rabo. Y la morcilla asturiana, indispensable, enjuta, arrugada y negra. Las *fabes* se aligeran con algún otro manjar que no sea el canónico del *gochu* o cerdo. Así, resultan deliciosas con gallina, perdiz, langosta, liebre, almejas o lapas.

Por su parte el *gochu,* ya sin las fabes, es la base de muchos platos contundentes: las manos de cerdo (guisadas y luego rebozadas y fritas), el potaje con rabadilla, la sopa de *fégadu* (hígado con pan espeso y guindilla), el *boruncho* o boroña, las patatas con cabeza, las costillas con arroz, el *adobu*, o el *sollumbu*

que es solomillo. También el generoso animal da el lacón (cocido y curado), el fariñón (morcilla gruesa con harina de maíz), el chosco (especie de morcón), el jamón (rechoncho, de Avilés y Tineo) y los chorizos frescos, curados, ahumados o "al llar" (con papel estraza, entre cenizas).

▮ Verduras, hortalizas y legumbres

Hay que descubrirse ante la huerta fértil, húmeda y jugosa, que depara, entre otras maravillas, una escarola única, unas judías verdes muy planas llamadas fréjoles, unos singulares *arbeyus* o guisantes, unas lentejas de lujo que se hacen salteadas, un repollo tierno y unas cebollas y *patatines* de calidad insuperable.

Las patatas y cebollas rellenas son típicas de San Martín del Rey Aurelio, los pimientos rellenos (con manos de cerdo), de Avilés, y el repollo relleno es de Pola de Allande. La menestra (de tres carnes) está generalizada, así como las alubias pintas con arroz blanco y el pote.

Plato curioso son los emberzados, que llevan embutido que no se embute, sino que se acoje y envuelve con hojas de berza y así va al pote; como va el *pantrucu* o pantruque a la fabada.

En las cocinas asturianas han casado en regla a las verduras con los pescados. Veamos: bogavante con verduras, repollo con salmón, menestra de pescados y mariscos, patatas con langostinos, setas con almejas o pimientos rellenos de centollo.

Los arroces caldosos triunfan sobre las paellas y son notorios los de pollo, bogavante, el "marinero" de Oviñana, y el que lleva *pixín* o rape, pescado emblemático de Asturias.

▮ Pescados

El tan citado *pixín* se corta en dados, se reboza y se fríe y así participa en todos los aperitivos locales. Con él se hace sopa, que es gloriosa en Candás, con almejas y huevo. La merluza del pincho se queda aquí y no entra en los mercados centrales por fidelidad a la demanda local, y se hace a la cazuela o "a la sidra"; también con angulas, "a la antigua" (con puntas de espárragos y guisantes), mariscada o rellena, o la tortilla de merluza, enorme, jugosa.

La sardina, va asada, trenchada (abierta y rellena), frita, a la *bisigoña* (a la sal), guisada con patatas o a la industria conservera. *Parrocha* es la pequeña y *parrochina* la más pequeña. El bonito, en rodajas a la plancha, en marmita o con tomate. También es corriente la rulada de bonito. Con la *ventrisca* (que

▮ Productos con denominación de origen

Es tal la riqueza gastronómica asturiana que son numerosos los productos acogidos a las distintas denominaciones de origen. Productos con Denominación de Origen Protegida de Asturias son: los quesos de Cabrales, Los Beyos, *Afuega'l pitu, Gamoneu* y Casín; el Vino de Cangas; la Ternera de Asturias; el Chosco de Tineo (un embutido curado y ahumado); la Sidra de Asturias; la Faba Asturiana; la Escanda de Asturias (un cereal que produce una harina muy especial para hacer pan), y los productos agrícolas ecológicos amparados en el Consejo de la Producción Agraria Ecológica del Principado de Asturias (COPAE). Para dar a conocer mejor estos productos, Asturias cuenta con varios museos y centros divulgativos: Cueva-exposición del queso, en Arenas de Cabrales; Museo de la Sidra, en Nava; Casa de la Apicultura, en Boal, y Museo de la Lechería, en la Foz de Morcín (Santa Eulalia).

Caza

La caza mayor, al igual que la pesca en los ríos, está muy protegida y organizada. Su elenco: jabalí, corzo, rebeco, venado y gamo, con un parecido tratamiento culinario en estofados y sus séquitos de purés de manzana o castañas. "A la cazadora" se preparan conejos y liebres y también las perdices; si bien la moda las hermana ahora con las *fabes*. La caza por lo general va a la olla albardada con tiras de tocino; las salsas llevan nueces, cebollas y zanahorias; van especiadas y son densas. Las codornices y los pollo-tordos casan con el hojaldre. Los pichones son asados "a la diabla". Por último, la nota romántica: cuando aparece el otoño llega desde el norte europeo la arcea, que es llamada en otras partes becada o chocha, y que ama las pomaradas. En Asturias se la corresponde, tanto que sus recetas son nobles: al sarmiento, rellena de trufas, flambeada, o en volován.

no, ventresca ni ventrecha aquí) se hacen sabrosos guisos al horno aprovechando su grasa en el fondo de la besuguera. El besugo, para el horno; "a la espalda" es la fórmula vernácula, siempre en piezas enteras, excepto el besugo con fideos de Cimavilla. Uno de los pescados más aplaudidos por los piscívoros astures es el gustoso congrio, que tendrá mil recetas. Como el mero (en salsa de eneldo), el rodaballo (a la marinera), el lenguado (a la mantequilla), la lubina (al *fenoyu* o hinojo), la chopa (a la sidra), el gallo (relleno), el *tiñosu* y el cabracho (en sopas), o el gran salmonete de entre las rocas. La relación es interminable.

Los ríos deparan un trío de ases: el reo, la trucha y el salmón. Como localismo apuntan la caldereta de salmón de Cornellana o el salmón a la ribereña de Cangas, la trucha guisada con grasa de cerdo ahumada, y el reo frito del río Sella, en Cangas de Onís. La lamprea, casi desaparecida, guisada en su sangre. Las rías son generosas en anguilas (a la parraguesa en Arriondas) y angulas a los modos clásicos y en tortilla o como guarnición de gala.

Mariscos

345 kilómetros de costa batida, entre las que hay numerosas cetárias, ofrecen una exuberante riqueza marisquera. Los amados crustáceos por lo general van cocidos; con el caldo resultante se hacen las llamadas sopas de vísperas. El rey es el centollo, al que siguen en alcurnia la langosta o el *bufre,* como se llama al bogavante (en otros puntos costeros *lubrigante* o *yocantaru*). Aquí a las nécoras (extraordinarias en cremas) se les llama *andaricas* y a los erizos de mar (salsas y revueltos) *oricios;* estos son el caviar asturiano; preparar los erizos gratinados es "rizar el oricio".

Pasemos por alto, por no pecar, el catálogo de ostras, almejas, percebes, mejillones, quisquillas, bígaros y hasta las humildes lapas (*llámpares*) que se guisan con fuertes especias y entran en la caldereta, guiso que desata los chovinismos particulares. La caldereta puede ser solo de mariscos o de pescados de roca, pero lo preceptivo es que lleven mariscos, pescados de roca *(tiñosu, cabra, maragata)* y pescados de altura. Tampoco desdeñemos el mundo de los moluscos, como el *pulpo de pedréu con tatines* (es decir, del pedrero con patatas pequeñas), las potas guisadas o los chipirones en su tinta. Un compendio de todo ello se encontrará en algún eminente salpicón, o en alguna desenfrenada y frecuente mariscada de celebraciones.

▌Carnes

Aunque en los últimos años el cachopo parece haber colonizado cartas y fogones, el recetario asturiano es rico en carnes y preparaciones: la chuleta de ternera "a la antigua" (asadas y luego guisadas), la carne "batallón", la sopa de rabo de buey, la ternera con setas, el chuletón de ternera culona, el entrecot al cabrales, el estofado de buey o bien otro famoso estofado llamado "carne gobernada".

Párrafo aparte para los callos que aquí se cocinan divinamente en Noreña, en Oviedo, con tocino, sidra y coñac, y en otros puntos mezclado con manos de cerdo y con tacos de jamón. El cordero se armoniza al fuego con patatas o verduras; sus chuletas se empanan y su receta más popular es "a la estaca". El *pitu* o pollo de aldea es delicado y sabroso. La gallina también posa en el paisaje y está en las cocinas donde motiva la pepitoria y sirve para el caldo o la sopa de menudillos con huevos no natos. Los nacidos van rellenos, escalfados o cocidos para contrastar la sidra. Las tortillonas son famosas, la de patatas en dados con mucha cebolla y muy quemada, aunque cruda por dentro, la de merluza y oricios, la de sardinas salonas, la "paisana", la de *formigos* con pan...

▌Postres

Para localizar el paraíso terrenal, por si la belleza natural no fuese suficiente razón, Asturias aporta la manzana omnipresente. La *raneta* o reineta para asar, la *colunga* para hacer sidra, la *rosalisa* para decoración por su color rojo encendido, el *péru mingán* para los emigrantes. Y todas para comer en crudo, incluso el *carrió* y la *penera,* que hacen de comparsas en la elaboración de la sidra. Aquí se presume de las cerezas picotas; de las peras, de las ciruelas claudias de San Román de Candamo; de los albaricoques, melocotones y piescos, del higo miguelino y de las fresas de Candamo, pequeñas e intensas, casi moradas. Por más, destacar la calidad de las avellanas y de las castañas *mayuques*, cocidas con leche, machacadas para *farsas* o rellenos, o bien protagonistas en los días de *magüesto* de algunos potes. La repostería asturiana es obra de numerosas y eminentes confiterías. Son populares: los *frixuelos,* parientes de las *filloas* gallegas; y los *casadielles,* hojaldres típicos de Carnaval. Un enorme paraíso para el goloso, en las confiterías de todos los pueblbes: tocinillos de Grado, suspiros de Pajares, carajitos de Salas, la marañuela de Luanco, las milhojas de Cangas de Onís, los borrachinos de Gijón, la venera de Navia y el carbayón de Oviedo. Y el emblemático arroz con leche.

▌Quesos

Asturias es la región mundial con más variedad de quesos artesanales. Cada valle tiene su queso y es una delicia degustarlo en su entorno, fuera de las rutas comerciales y manufactureras. Tres quesos son las estrellas de los Picos de Europa: los Beyos, Gamonedo y Cabrales. Tres fases tiene el proceso: en el *arnín,* aro corteza donde va la cuajada salada y separada del suero, está un día en repisa alta o viga. En el *horru* de la cabaña del pastor (con fuego por las noches) hasta que tenga cardenillo. Y en el *cuevu,* forrado con hojas de *plágano,* hasta que termine su fermentación.

Son quesos de leche mezclada de oveja, cabra y vaca. Cuando este ganado pasta en la zona de Onís, Bobia y Mestas, come la hierba ácida conocida por *gamón* y surge el queso Gamonedo, que es una joya tanto de la naturaleza como de la gastronomía.

Otros quesos asturianos destacados son el Casin (de Campo de Caso), el Peñamellera (también de los Picos), el *Afuega'l pitu* (de la zona central, entre Pravia y Narcea), la Peral (de Grado), el *Cuayau* (cerca de Llanes) y el de Urbiés (Quirós).

Restaurantes

ARRIONDAS

Casa Marcial

- ✉ La Salgar, s/n (Parres).
- ☎ 985 840 991.
- 🖰 https://casamarcial.es
- 🍽 Menús degustación: desde 120 €.

Alta cocina asturiana en la que se han modernizado platos típicos como el *pitu de caleya* o los tortos.

AVILÉS

Casa Alvarín

- ✉ De Los Alas, 2.
- ☎ 985 540 113.
- 🖰 www.casaalvarin.com
- 🍽 Precio medio: 40 €.

Uno de los *chigres* de más tradición de Avilés. Caza en temporada y siempre mariscos y pescados en parrillada.

Casa Tataguyo

- ✉ Plaza del Carbayedo, 6.
- ☎ 985 564 815.
- 🖰 http://tataguyo.com
- 🍽 Precio medio: 50 €.

Un clásico. Cocina regional muy cuidada.

Ronda 14

- ✉ Alfonso VII, 20.
- ☎ 684 668 714.
- 🖰 https://ronda14.com
- 🍽 Precio medio: 40 €.

Mario Céspedes elabora una cocina en la que fusiona las elaboraciones peruanas y la materia prima de la tierra con un resultado de primera.

Yumay

- ✉ Rafael Suárez, 7.
- ☎ 985 570 826.
- 🍽 Precio medio: 35 €.

Sidrería situada en las afueras de la villa con una excelente selección de productos de la lonja local.

CANDÁS

El Cubano

- ✉ Avda. Ferrocarril, 8.
- ☎ 985 870 003.
- 🍽 Precio medio: 25 €.

Mariscos, pescado de roca y calderetas. Local muy espacioso y concurrido.

CANGAS DE ONÍS

Los Arcos

- ✉ Pza. del Ayuntamiento, 3.
- ☎ 985 849 277.
- 🖰 www.loslagosnature.com
- 🍽 Precio medio: 35 €.

Restaurante del hotel Los Lagos Nature. Cocina de autor, cuidada y generosa.

El Molín de la Pedrera

- ✉ Avda. Río Güeña, 2.
- ☎ 985 849 109.
- 🖰 https://elmolindelapedrera.com
- 🍽 Precio medio: 30 €.

Encantador restaurante de gestión familiar con más de cuarenta años de experiencia. Excelente cocina asturiana.

CANGAS DEL NARCEA

Blanco

- ✉ Mayor, 11.
- ☎ 985 810 316.
- 🖰 www.restauranteisabel.es
- 🍽 Precio medio: 30 €.

Cocina regional de temporada y platos de caza.

María Luisa

- ✉ Las Mestas, 10. (Las Mestas, Villategil).
- ☎ 985 811 143.
- 🍽 Precio medio: 20 €.

Comida casera a un precio muy económico.

Marroncín

- ✉ Las Mestas, 8 (Las Mestas, Villategil).
- ☎ 985 811 051.
- 🍽 Precio medio: 40 €.

Cocina casera tradicional y buena bodega en un agradable local.

CUDILLERO

Isabel

- ✉ Ribera, 1.
- ☎ 985 590 211.
- 🍽 Precio medio: 40 €.

Calderetas de pescados y mariscos.

FIGUERAS/ AS FIGUEIRAS

Peñalba

- ✉ Avenida Trenor, 22.
- ☎ 985 636 166.
- 🍽 Precio medio: 40 €.

Frente al puerto pesquero, uno de los clásicos del occidente. Cocina marinera.

GIJÓN/ XIXÓN

Casa Gerardo

- ✉ Ctra. AS 19, km 8,5 (en Prendes, a 10 km de Gijón).
- ☎ 985 887 797.
- 🖰 www.restaurantecasagerardo.es
- 🍽 Precio medio: 75 €.

Fabada extraordinaria y arroz con leche. Completa carta de vinos. Es uno de los mejores restaurantes asturianos.

Antiguo Zabala

- ✉ Vizconde de Campogrande, 2. Cimavilla.
- ☎ 985 341 731.
- 🍽 Precio medio: 40 €.

Concurrido local (hay que pedir mesa) donde guisan

los pescados de forma insuperable. Ventresca de bonito, besugo a la espalda o congrio con patatas.

La Tabla

- ⊠ Ctra. AS-377, km 8. (Fano, a 12 km de Gijón).
- ☎ 985 136 456.
- 🖥 www.restaurantela tabla.com
- 🍴 Precio medio: 50 €.

Cocina moderna, exquisita y sencilla, con el añadido de sus raciones abundantes. Comedor agradable y cuidado sin caer en lo sofisticado.

Los Nogales

- ⊠ La Matona, 118 (Santurio, a 9,80 km de Gijón).
- ☎ 985 336 334.
- 🖥 https://losnogales restaurante.es
- 🍴 Precio medio: 40 €.

Pescados y mariscos de absoluta garantía y calidad, en un comedor muy informal.

Auga

- ⊠ Claudio Alvargonzález, s/n.
- ☎ 985 168 186.
- 🖥 https://restaurante auga.com
- 🍴 Precio medio: 50 €.

Gonzalo Pañeda y Antonio Pérez ofrecen una cocina de mercado actualizada en la que técnica e intuición encuentra un punto de equilibrio muy sabroso.

La Solana de Somió

- ⊠ Dr. José Muñiz González, 189. Somió (a 4 km de Gijón).
- ☎ 655 172 360.
- 🍴 Precio medio: 40 €.

Cocina tradicional elaborada con productos de proximidad, pescados.

Sidrería La Farola de Gijón

- ⊠ San Bernardo, 2.
- ☎ 985 172 543.
- 🍴 Precio medio: 20-25 €.

Sidrería muy bien decorada, frecuentada por gente joven. Deliciosas las almejas y los postres caseros, como los frixuelos con frutas del bosque.

Sidrería Casa El Cartero

- ⊠ Cienfuegos, 30.
- ☎ 985 362 558.
- 🍴 Precio medio: 35 €.

Auténtico *chigre* donde destaca una materia prima de alta calidad: cigalas, percebes, bogavantes, besugos y lubinas en preparaciones sencillas.

La Nueva Zamorana

- ⊠ Hermanos Felgueroso, 38-40.
- ☎ 985 196 584.
- 🖥 https://lanueva zamorana.es
- 🍴 Precio medio: 50 €.

Afamada marisquería con platos muy logrados.

Sidrerías en Gijón

Están distribuidas por toda la ciudad con una gran concentración junto a la Plaza Mayor, el muelle y alrededores de la calle de Pablo Iglesias. Algunos nombres recomendables son **La Galana** (Plaza Mayor, 10; telf. 985 172 429; https://restauran teasturianolagalana.es), **El Globo** (San Bernardo, 13; telf. 985 172 247) o **El Mallu** (Pola de Siero, 12; telf. 985 319 410; www. sidreriaselmallugijon.es). Capítulo especial son los *chigres* y *llagares* donde la sidra se escancia directamente de los toneles. El

mejor ejemplo es **Trabanco** (Lavandera, s/n; telf. 985 138 003; www.casa-trabanco.com), a unos 12 km del centro de Gijón.

LASTRES/ LLASTRES

El Cafetín

- ⊠ Matemático Pedrayes, s/n.
- ☎ 985 877 941.
- 🍴 Precio medio: 25 €.

Local pequeño siempre lleno, donde sirven estupendos potes y cocina marinera.

Casa Eutimio

- ⊠ San Antonio, s/n.
- ☎ 985 850 012.
- 🖥 www.casaeutimio.com
- 🍴 Precio medio: 30 €.

Pescados a la plancha de gran calidad.

LLANES

La Marina

- ⊠ Las Gaviotas, s/n.
- ☎ 985 400 012.
- 🍴 Precio medio: 30 €.

Buenos mariscos y pescados.

LUARCA

Villa Blanca

- ⊠ Avda. de Galicia, 25-27.
- ☎ 985 641 079.
- 🍴 Precio medio: 45 €.

Fabadas y postres caseros.

MIERES

El Cenador del Azul

- ⊠ Aller, 15.
- ☎ 985 453 547.
- 🍴 Precio medio: 25 €.

Cuidada cocina en la que se combinan productos de primera calidad con buenas dosis de sabiduría.

NAVIA

El Galeón de Pepe

- ✉ Vega de Arenas (Playa de Navia).
- ☎ 985 474 120.
- 🍽 Precio medio: 40 €.

Pepe Santiago afianza el prestigio de la saga con una cocina tradicional de exquisitas materias primas.

La Villa Sidrería

- ✉ Ramón de Campoamor, 4.
- ☎ 985 624 884.
- 🖥 https://sidrerialavilla.com
- 🍽 Precio medio: 30 €.

Comedores informales para degustar tablas de quesos, escalopines al cabrales, pulpo y carne de ternera.

OTUR

Casa Consuelo

- ✉ Ctra. N 634, km 511.
- ☎ 620 788 690.
- 🖥 www.casaconsuelo.es
- 🍽 Precio medio: 40 €.

Se inició como parada de camioneros y hoy por toda Asturias se habla de su sopa de mariscos, su besugo, su merluza con cocochas, sus fabes y el solomillo que le dio fama.

OVIEDO

Mestura

- ✉ Jovellanos, 2.
- ☎ 673 004 094.
- 🖥 www.mestura restaurante.com
- 🍽 Precio medio: 50 €.

Javier Loya ofrece en el Gran Hotel España su delicada apuesta por la gastronomía de altura. Solo para eventos a partir de 10 personas.

Casa Fermín

- ✉ San Francisco, 8.
- ☎ 985 216 452.
- 🖥 www.casafermin.com
- 🍽 Precio medio: 50 €.

Famoso local acreditado en todas las guías. Magnífica bodega y servicio.

Pedro Martino

- ✉ La Rienda, 14. Caces.
- ☎ 684 603 384.
- 🖥 https://pedromartino.es
- 🍽 Precio medio: 60 €.

Pedro Martino es uno de los cocineros más renombrados de la ciudad. Cocina actual ajustada a todos los precios y gustos, es decir, imaginativa, seductora y bien presentada.

Del Arco

- ✉ Plaza de América 6 (esq. a General Zuvillaga).
- ☎ 985 255 522.
- 🖥 https://delarco.com
- 🍽 Precio medio: 50 €.

Local de gran altura. Cambio de carta estacional. Se recomienda la época otoñal, por la brillante elaboración de los platos de caza. Entorno agradable.

Ca'Suso

- ✉ Marqués de Gastañaga, 13.
- ☎ 985 228 232.
- 🖥 https://ca-suso/
- 🍽 Precio medio: 45 €.

Los hermanos Fernández Feito ofrecen un contundente repaso al recetario tradicional asturiano.

La Máquina de Lugones

- ✉ Avda. Conde de Santa Bárbara, 59. Lugones (a 6 km de Oviedo).
- ☎ 985 263 636.
- 🖥 https://lamaquinade lugones.es
- 🍽 Precio medio: 35 €.

Famosa catedral de la fabada y el arroz con leche.

El Raitán

- ✉ Plaza de Trascorrales, 6.
- ☎ 984 057 972.
- 🍽 Precio medio: 30 €.

Local de estilo popular. Copioso menú fijo de estrellas culinarias por un buen precio. Bodega también bastante recomendable.

La Corte de Pelayo

- ✉ San Francisco, 21.
- ☎ 985 213 145.
- 🖥 https://lacortedepelayo.com
- 🍽 Precio medio: 45 €.

Presume de contar con la fabada finalista en el Campeonato del Mundo de 2018. Añade, además, una extensa carta de cocina tradicional con toques de fusión.

POLA DE SIERO

La Ferrada

- ✉ Avda. de La Belga, s/n (Noreña).
- ☎ 985 743 752.
- 🖥 www.restaurantela ferrada.com
- 🍽 Precio medio: 45 €.

Restaurante especializado en platos locales actualizados, como las mollejas y la lengua ahumada.

El Asador de Abel

- ✉ La Revuelta del Coche, s/n (Argüelles).
- ☎ 985 740 913.
- 🖥 www.elasadordeabel.com
- 🍽 Precio medio: 45 €.

Asador asturiano de alto nivel. Buenas materias primas y excelente elaboración.

RIBADESELLA

La Parrilla

- ✉ Palacio Valdés, 33.
- ☎ 985 860 288.
- 🖥 https://laparrillade ribadesella.com
- 🍽 Precio medio: 45 €.

Hace honor a su nombre, sobre todo con los pescados. Sidrería.

El Repollu

- ✉ Santa Marina, 3.
- ☎ 985 860 734.
- 🍽 Precio medio: 30 €.

Guisos de pescadores en un pequeño comedor.

SALAS

Al Son del Indiano

- ✉ Plaza Conde de Casares, 1 (Malleza).
- ☎ 985 835 844.
- 🖥 https://alsondelindiano. com
- 🍽 Precio medio: 40 €.

Cocina moderna sobre platos tradicionales y excelente materia prima.

SALINAS

Real Balneario

- ✉ Avda. Juan Sitges, 3.
- ☎ 985 518 613.
- 🖥 www.realbalneario.com
- 🍽 Precio medio: 88 €.

Isaac Loya es garantía de una cocina muy cuidada.

TAPIA DE CASARIEGO

La Marina

- ✉ Fernando Villamil, avda. del Muelle, 10.
- ☎ 985 628 488.
- 🖥 www.restaurantela marinatapia.es
- 🍽 Precio medio: 40 €.

Una institución en la villa marinera, situado frente al muelle pesquero. Contundente y sabroso.

Palermo

- ✉ Párroco Bonifacio Amago, 13.
- ☎ 985 628 370.
- 🍽 Precio medio: 40 €.

Un clásico con más de tres décadas de trayectoria. Organiza varias jornadas de producto a lo largo del año y una excelente propuesta de tapeo.

TARAMUNDI

La Rectoral de Taramundi

- ✉ Cuesta de la Rectoral, s/n.
- ☎ 985 646 760.
- 🖥 www.larectoral.com
- 🍽 Precio medio: 50 €.

Restaurante del hotel del mismo nombre, instalado en una casa del siglo XVIII. Cocina asturiana, rotunda y honesta con productos locales.

TAZONES

El Catalín

- ✉ Bº Atalaya, 9 (Villaviciosa).
- ☎ 985 897 113.
- 🍽 Precio medio: 30 €.

Con un amplio mirador sobre el pintoresco casco urbano de Tazones, cocina tradicional asturiana y marinera.

El Rompeolas

- ✉ San Miguel, 21 (El Muelle).
- ☎ 985 897 013.
- 🍽 Precio medio: 30 €.

Ambiente de *chigre* marinero que ofrece una suculenta cocina de mar elaborada con soberbias materias primas.

La Nansa

- ✉ Bº San Roque, 20.
- ☎ 985 897 038.
- 🍽 Precio medio: 40 €.

A dos pasos del muelle, cocina marinera y agradable terracita.

TINEO/TINÉU

Casa Lula

- ✉ El Crucero, 10.
- ☎ 985 801 600.
- 🖥 www.casalula.com
- 🍽 Precio medio: 35 €.

La cocina de las tres guisanderas es garantía de goce culinario. Merece la pena el desvío.

VILLAVICIOSA

Sidrería Lena

- ✉ Cervantes, 2.
- ☎ 984 833 197.
- 🍽 Precio medio: 30 €.

Sidrería gastronómica bajo la firma de Jaime Uz.

El Congreso de Benjamín

- ✉ Pza. del Ayuntamiento, 25.
- ☎ 985 892 580.
- 🍽 Precio medio: 30 €.

En el hostal del mismo nombre. Sidrería muy popular. Destacan, sobre todo, los embutidos y los guisos caseros.

Casa Cortina

- ✉ San Juan, 41. Amandi.
- ☎ 985 893 200.
- 🖥 www.sidracortina.com
- 🍽 Precio medio: 20 €.

Sidrería con muy buen ambiente y excelentes materias primas.

Sidrería El Garitu

- ✉ Víctor García de la Concha, 16.
- ☎ 984 194 651.
- 🍽 Precio medio: 35 €.

Comida informal en ambiente sidrero.

Compras

GASTRONÓMICAS

Productos gastronómicos de calidad pueden adquirirse en casi todas las localidades. Destacan los quesos artesanos, en la zona de los Picos y el de Los Oscos (de vaca, suave y mantecoso, en Grandas de Salime). También en Los Oscos, miel. Cualquiera de las casas del camino que anuncia su venta inspira confianza. Puede comprarse sidra en cualquier establecimiento, pues todas suelen ser de calidad (especialmente en la zona de Nava).

Oviedo

Mercado El Fontán
- Plaza 19 de Octubre, s/n.
- 985 204 394.
Además de los típicos productos cárnicos y de pescadería, se pueden comprar los afamados quesos asturianos.

Coalla Oviedo
- Asturias, 14.
- 984 133 262.
- https://coallagourmet.com
En esta tienda *gourmet* encontrarás vinos nacionales e internacionales y quesos de importación. Organizan degustaciones y catas.

Tierra Astur
- Gascona, 1.
- 985 202 502.
- https://tierra-astur.com
El primer establecimiento de esta popular cadena de restaurantes y distribución de productos asturianos fue este de la calle Gascona, en el corazón de Oviedo. Quesos de las diferentes variedades del Principado, embutidos y legumbres.

Camilo de Blas
- Jovellanos, 7.
- 985 211 851.
- https://camilodeblas.es
Local de leyenda en el que Woody Allen rodó escenas de *Vicky Cristina Barcelona*. Aquí se inventó la receta de los célebres *carbayones* allá por 1914.

Las Arenas de Cabrales

Quesería Vega de Tordín
- Barrio La Ería, s/n.
- 674 597 738.
- www.vegadetordin.com
Organizan visitas guiadas a sus instalaciones. Venta de queso propio.

Avilés

Mercado general, los lunes en la plaza Hermanos Horbón.
Desde la Oficina de Turismo de Avilés se organizan visitas a la Rula de Avilés en las que se puede ver en vivo cómo se realiza la subasta del pescado.

Confitería Vidal
- La Cámara, 77.
- 985 569 206.
Repostería tradicional, turrones y mazapanes. Cafetería propia.

Confitería Polledo
- Rivero, 16.
- 985 541 313.
Marañuelas y mantecados de Avilés

Cangas de Onís

Interesante mercado general los domingos.

La Barata
- Avda. de Covadonga, 15.
- 985 849 313.
- https://la-barata.com
Quesos y otros productos asturianos.

Quesos Aquilino
- Ángel Tarano, 1.
- 985 947 106.
- www.quesosaquilino.com
Quesos y legumbres del país. Productos típicos.

Cangas del Narcea

Cooperativa Santulaya
- Santa Eulalia de Cueras, a 1 km de la villa.
- 985 812 660.
- https://santulaya.com
Embutidos y conservas de gran calidad.

Gijón/Xixón

Más de 70 establecimientos diseminados por la ciudad se dedican a endulzar los paladares de propios y extraños en Gijón. El ayuntamiento puso en marcha la iniciativa Gijón Goloso, un bono de 5 o 10 degustaciones que permite disfrutar de estas delicias en varios establecimientos. Algunos son: **Argüelles** (Celestino Junquera, 4; telf. 985 359 888) y **Pomme Sucre** (Libertad, 26; telf. 985 354 193).

Turrones y Helados Verdú
- Moros, 16.
- 985 341 170.
- www.turronesverdu.com

Desde 1884, helados y turrones artesanos con fama en todo el mundo.

Llanes

Mercado general los martes.

Vega

- ✉ Mercaderes, 10.
- ☎ 985 400 822.
- 🌐 www.confiteriavega llanes.com

Pastelería fundada en 1950. Todo tipo de dulces.

Navia

Quesería de Abredo

- ✉ Abredo (Coaña).
- ☎ 985 473 733.
- 🌐 https://queseria artesanalabredo.com

Requesón y arroz con leche artesanos.

Pastelería Santa María

- ✉ Mariano Luiña, 18.
- ☎ 985 631 453.
- 🌐 www.pasteleriasanta maria.com

Especialidad en veneras.

Tapia de Casariego

El Viejo Pescador

- ✉ Arquitecto Francisco González Villamil, 5.
- ☎ 985 471 603.
- 🌐 https://elviejopescador. es

Conservas artesanas de pescado, en especial bonito del norte y anchoas del Cantábrico en aceite de oliva.

ARTESANÍA

Destacan los talleres ferreros de **Taramundi**, que fabrican útiles de cocina y aperos de labranza, así como los cuchillos de mango de madera de boj, zuecos y gaitas. La cerámica de los castros, anterior a la época romana, se mantiene viva con la llamada cerámica negra en pueblos como Faro (Oviedo) y Llamas de Mouro (Cangas de Narcea).

Además, entre mediados de diciembre y el 5 de enero se celebra en Oviedo la feria de artesanía "Rosaleda de Artesanos".

Cuero y pieles

Mim Cuero

- ✉ La Baragaña, 2 (Nava).
- ☎ 985 716 972.

Cerámica

Cerámica Llamas del Mouro

- ✉ Llamas del Mouro, s/n. Cangas del Narcea.
- 🌐 www.ceramicanegra asturias.com.

Laborna

- ✉ La Peña, 8. Balbona.
- ☎ 663 007 623.

Telar artesanal

Telar Irene Villar

- ✉ Santa Eulalia de Oscos.
- ☎ 670 553 927.

Cuchillos

Navallas de Taramundi

- 🌐 https://cqtaramundi. com.

▌Vida nocturna

OVIEDO

Zona de vinos y sidras

Para sidra y tapear la calle Gascona es lo más típico y recomendable, con una sucesión de establecimientos alineados en ambas aceras del tramo peatonal.

Trascorrales, Manuel Pedregal y Fray Ceferino conforman también zonas de sidra y vinos, con buenos locales. La calle San Bernabé ha sido la zona de vinos más tradicional de Oviedo.

Zona de copas

Las calles del Rosal, Pérez de la Sala y Mon, en el casco antiguo, siempre han sido paradas indispensables para tomarse algo en bares repletos de gente joven, mientras que en Cimadevilla, la plaza del Pescado, la plaza del Paraguas, y la Corrada del Obispo, los ambientes pasan de veinteañeros a cuarentones en pocos metros. En Postigo Alto y sus alrededores existe variedad de locales.

GIJÓN

Zona de vinos y sidras

El ambiente de sidras y tapas se encuentra principalmente en los *chigres* de los alrededores de la Plaza Mayor. La llamada ruta de los vinos comprende las calles del Instituto, Santa Rosa y Buen Suceso.

Zona de copas

La mayor parte de los locales están en Cimavilla, el muelle, la dársena de Fomento y en las inmediaciones del Náutico.

▌Alojamientos

ARENAS DE CABRALES

Hotel Picos de Europa***

- ✉ Mayor, s/n.
- ☎ 985 846 491.
- 🖱 http://hotelpicos deuropa.com
- 🛏 Habitación doble: desde 60 €.

Buen equipamiento y excelente servicio.

Hotel Principado de Europa***

- ✉ Carretera General, s/n. En Poo de Cabrales.
- ☎ 985 845 481.
- 🖱 www.hotel principado.com
- 🛏 Habitación doble: desde 45 €.

Habitaciones muy agradables. Buen restaurante.

Hotel Mirador de Cabrales**

- ✉ Puente Poncebos, s/n (Poncebos).
- ☎ 985 846 673.
- 🖱 www.hotelmirador decabrales.com

Casonas Asturianas

El Principado de Asturias cuenta con una extensa oferta de establecimientos hoteleros: hoteles urbanos y rurales se complementan con una nutrida red de alojamientos de turismo rural y hoteles de playa. Lo más granado de sus hoteles rurales se reúne bajo el sello de calidad "Casonas Asturianas" (www.casonasasturianas.com).

- 🛏 Habitación doble: desde 50 €.

Habitaciones bien acondicionadas.

AVILÉS

Hotel Palacio de Avilés*****

- ✉ Pza. España, 9.
- ☎ 985 129 080.
- 🖱 www.palaciodeaviles.com
- 🛏 Habitación doble: desde 80 €.

En el centro, en un edificio construido a finales del siglo XVII. Habitaciones modernas y bien equipadas.

Hotel Don Pedro***

- ✉ La Fruta, 22.
- ☎ 985 512 288.
- 🖱 https://hoteldonpedro.es
- 🛏 Habitación doble: desde 60 €.

Buen nivel de servicios.

CANDÁS

Hotel City House Marsol****

- ✉ Astillero, s/n.
- ☎ 602 696 743.
- 🖱 https://hotelcityhouse marsolcandas.com
- 🛏 Habitación doble: desde 50 €.

En el puerto de la población, cercano a la playa.

CANGAS DE ONÍS

Parador Cangas de Onís****

- ✉ Monasterio de San Pedro de Villanueva, s/n. Villanueva.
- ☎ 985 849 402.
- 🖱 https://paradores.es
- 🛏 Habitación doble: desde 85 €.

A orillas del Sella, con bonitas vistas, en plena naturaleza. Modernas y confortables habitaciones. Estupendo restaurante de cocina regional.

Hotel Los Lagos Nature***

- ✉ Pl. del Ayuntamiento, 3.
- ☎ 985 849 277.
- 🖱 www.loslagosnature.com
- 🛏 Habitación doble: desde 56 €.

Situado en el centro de la localidad. En recepción facilitan información de actividades en la zona.

Hotel Puente Romano**

- ✉ Puente Romano, s/n.
- ☎ 985 849 339.
- 🖱 http://hotelpuente romanocangas.com
- 🛏 Habitación doble: desde 45 €.

Acogedor, de capacidad reducida.

Hotel rural Coviella

- ✉ Lugar Coviella, 53 (Cangas de Onís).
- ☎ 985 843 757.
- 🖱 https://hotelcoviella.com
- 🛏 Habitación doble: desde 43 €.

A 6 km de Cangas, en la aldea de Covella, con vistas a la montaña y rodeado de una bonita finca.

CANGAS DEL NARCEA

Hotel El Molinón**

- ✉ Uría, 40.
- ☎ 985 812 952.
- 🖱 www.hotelmolinon.com
- 🛏 Habitación doble: desde 50 €.

17 habitaciones. Sencillo y confortable. Restaurante recomendable.

CASTROPOL

Palacete Peñalba**

- ✉ Celso Granda (Figueras).
- ☎ 646 907 741.
- 🛏 Habitación doble:
  desde 135 €.

Construido en 1912 por un discípulo de Gaudí. Decoración modernista. En un entorno excepcional.

COVADONGA

Gran Hotel Pelayo**

- ✉ Real Sitio de
  Covadonga, s/n.
- ☎ 985 846 061.
- 🖱 https://granhotelpelayo.
  com
- 🛏 Habitación doble:
  desde 51 €.

Clásico hotel entre la gruta y la basílica.

CUDILLERO/ CUIDEIRU

La Casona de Pío**

- ✉ Riofrío, 3.
- ☎ 985 591 512.
- 🖱 www.lacasonadepio.com
- 🛏 Habitación doble:
  desde 52 €.

En el centro del pueblo, familiar y confortable. Restaurante de cocina casera.

GIJÓN/XIXÓN

Parador de Gijón**

- ✉ Avda. Torcuato
  Fernández Miranda, 15.
- ☎ 985 370 511.
- 🖱 https://paradores.es
- 🛏 Habitación doble:
  desde 75 €.

En un marco idílico, con buenas instalaciones.

Hotel Begoña Park**

- ✉ Ctra. de la
  Providencia, 566.
- ☎ 985 133 909.
- 🖱 www.hotelbegona
  park.com
- 🛏 Habitación doble:
  desde 55 €.

Al final de la playa de San Lorenzo, en una zona residencial muy tranquila. Agradable patio ajardinado.

Hotel Hernán Cortés**

- ✉ Fernández Vallín, 5.
- ☎ 985 346 000.
- 🖱 https://hotelhernan
  cortes.es
- 🛏 Habitación doble:
  desde 55 €.

Céntrico, clásico y renovado.

Hotel Príncipe de Asturias**

- ✉ Manso, 2.
- ☎ 985 367 111.
- 🖱 www.hotelprincipe
  asturias.com
- 🛏 Habitación doble:
  desde 60 €.

Frente a la playa de San Lorenzo. Buen servicio.

Hotel Zentral Gijón Rey Pelayo**

- ✉ Avda. Torcuato
  Fernández Miranda, 26.
- ☎ 985 199 800.
- 🖱 https://hotelzentral
  gijon.com
- 🛏 Habitación doble:
  desde 55 €.

Uno de los más modernos de Gijón, de elegante diseño, con buenas instalaciones y servicio atento. Ocupa un edificio de 8 plantas y cuenta con un total de 130 habitaciones.

Hotel Alcomar**

- ✉ Cabrales, 24.
- ☎ 985 357 011.
- 🖱 www.hotel
  alcomar.com
- 🛏 Habitación doble:
  desde 55 €.

Una fachada llamativa y una ubicación perfecta, frente a la playa. Habitaciones confortables.

Hotel Asturias**

- ✉ Plaza Mayor, 12.
- ☎ 985 350 600.
- 🖱 https://hotelasturias
  gijon.es
- 🛏 Habitación doble:
  desde 57 €.

Estupendo emplazamiento. Decoración años 50, ambiente grato y espacioso.

La Casona de Jovellanos**

- ✉ Plazuela de Jovellanos, 1.
- ☎ 985 341 264.
- 🖱 www.lacasona
  dejovellanos.com
- 🛏 Habitación doble:
  desde 45 €.

En el barrio de Cimavilla, en el antiguo edificio del Real Instituto Asturiano. Habitaciones amplias y confortables.

Hotel Bahía**

- ✉ Avda. del Llano, 44.
- ☎ 985 163 700.
- 🖱 www.hotelbahiagijon.es
- 🛏 Habitación doble:
  desde 48 €.

Las habitaciones son muy sencillas, pero el ambiente resulta bastante agradable. Trato cordial.

LLANES

Hotel La Arquera**

- ✉ La Arquera, s/n.
- ☎ 985 402 424.
- 🖱 www.hotellaarquera.com
- 🛏 Habitación doble:
  desde 60 €.

Típica casona solariega entre el mar y la montaña. Combina tradición y modernidad.

La Posada de Babel**

- ✉ La Pereda, s/n.
- ☎ 985 40 25 25.
- 🖱 www.laposadade
  babel.com
- 🛏 Habitación doble:
  desde 88 €.

Bonito edificio situado en una finca entre el mar y la montaña. Doce habitaciones muy confortables. Dispone de un buen restaurante.

Hotel Cuevas del Mar**

- ✉ Plaza Laverde Ruiz, s/n. Nueva de Llanes.
- ☎ 985 410 377.
- 🌐 www.cuevasdelmar.com
- 🛏 Habitación doble: desde 55 €.

12 habitaciones bien equipadas.

Casa La Montaña Mágica

- ✉ El Cuanda. Allende.
- ☎ 985 925 176.
- 🌐 https://lamontana magica.es

Hotel rural con un conjunto de viviendas rehabilitadas, hórreo, cuadras, invernaderos y jardín desde donde se divisan los Picos de Europa.

LUARCA

Hotel Villa La Argentina

- ✉ Villar, s/n (Luarca).
- ☎ 985 640 102.
- 🌐 https://villalaargentina.com
- 🛏 Habitación doble: desde 98 €.

En el barrio de Villar de Luarca, esta casona indiana construida en 1899 es uno de los alojamientos con más encanto del Principado. Perteneciente a la red de Casonas Asturianas.

Hotel Villa de Luarca***

- ✉ Álvaro de Albornoz, 6.
- ☎ 985 470 703.
- 🌐 www.hotelvillade luarca.com
- 🛏 Habitación doble: desde 54 €.

Una preciosa casa de indianos en cuya restauración se ha recuperado todo su esplendor de antaño.

Hotel 3 Cabos

- ✉ Ctra. de El Vallín, s/n (Valdés).
- ☎ 985 924 252.
- 🌐 https://hotelrural 3cabos.com
- 🛏 Habitación doble: desde 95 €.

A 7 km de Luarca, en un espectacular paraje muy cerca del Cantábrico, un coqueto establecimiento rural que combina diseño y elegancia.

NAVIA

Hotel Palacio de Arias***

- ✉ Avda. de los Emigrantes, 11.
- ☎ 985 473 671.
- 🌐 https://palacioarias.es
- 🛏 Habitación doble: desde 62 €.

Antiguo palacete de indianos. Anexo con apartamentos.

Hotel Regueiro***

- ✉ Tox, s/n.
- ☎ 985 648 594.
- 🌐 www.restaurante regueiro.es

El cocinero Diego Fernández tomó las riendas del antiguo hotel Villa Borinquen para abrir su restaurante gastronómico y ofrecer, además, alojamiento en este chalé de comienzos del xx.

OVIEDO

Barceló Oviedo Cervantes*****

- ✉ Cervantes, 13.
- ☎ 985 255 000.
- 🌐 www.barcelo.com
- 🛏 Habitación doble: desde 90 €.

Muy céntrico y totalmente nuevo, ocupa una rehabilitada casona del xx y dos edificios nuevos. Funcional, luminoso y confortable.

Eurostars Hotel de la Reconquista*****

- ✉ Gil de Jaz, 16.
- ☎ 985 241 100.
- 🌐 www.eurostars hotels.com
- 🛏 Habitación doble: desde 109 €.

Uno de los establecimientos más emblemáticos de Oviedo, está ubicado en el antiguo Real Hospicio, edificio del siglo XVIII, situado en la zona céntrica y comercial.

AC Hotel Oviedo Fórum*****

- ✉ Plaza de los Ferroviarios, 1.
- ☎ 985 965 488.
- 🌐 www.marriott.com
- 🛏 Habitación doble: desde 74 €.

Moderno, bien equipado y confortable.

Hotel Zentral Ramiro I****

- ✉ Leopoldo Calvo Sotelo, 13.
- ☎ 985 232 850.
- 🌐 https://hotelzentral oviedo.com
- 🛏 Habitación doble: desde 48 €.

Próximo al Auditorio Príncipe Felipe, cómodo y con un buen servicio.

Eurostars Palacio de Cristal****

- ✉ Policarpo Herrero, s/n.
- ☎ 985 964 777.
- 🌐 www.eurostarshotels.com
- 🛏 Habitación doble: desde 66 €.

Ubicado en la parte posterior del Palacio de Congresos Ciudad de Oviedo,

obra del arquitecto Santiago Calatrava. Moderno y confortable.

Hotel Nature Oviedo***

- ✉ Gloria Fuertes, 3.
- ☎ 985 080 430.
- 🖰 www.hotelnature oviedo.com.
- 🛏 Habitación doble: desde 50 €.

Un establecimiento personalizado, urbano y joven que ofrece, además, un pequeño centro de bienestar con spa y masajes. A diez minutos a pie del centro de la ciudad.

Hotel NH Oviedo Principado***

- ✉ San Francisco, 6.
- ☎ 985 217 792.
- 🖰 www.nh-hoteles.es
- 🛏 Habitación doble: desde 65 €.

Céntrico y con las características de su cadena.

Hotel Santa Clara**

- ✉ Santa Clara, 1.
- ☎ 985 087 070.
- 🖰 www.hotel-santaclara. es
- 🛏 Habitación doble: desde 40 €.

Hotel familiar, bien situado, con catorce habitaciones dotadas de servicios básicos y algún extra, como conexión wifi.

POLA DE ALLANDE

Hostal La Nueva Allandesa**

- ✉ Donato Fernández, 3.
- ☎ 985 807 027.
- 🛏 Habitación doble: desde 60 €.

Remodelado, trato familiar y amable. Con interesantes ofertas de media pensión o pensión completa, para degustar la comida del hotel.

PRAVIA

Hotel Casona del Busto***

- ✉ Pl. del Rey Don Silo, 1.
- ☎ 684 600 579.
- 🖰 www.hotelcasona delbusto.com
- 🛏 Habitación doble: desde 55 €.

Edificio histórico bien restaurado y reconvertido en hotel.

RIBADESELLA

Gran Hotel del Sella****

- ✉ Ricardo Cangas, 17. La Playa.
- ☎ 985 860 150.
- 🖰 https://granhotel delsella.com
- 🛏 Habitación doble: desde 75 €.

En el antiguo palacio de verano de los marqueses de Argüelles, al borde de la playa. Dispone de instalaciones anexas más modernas.

Hotel Ribadesella-Playa***

- ✉ Ricardo Cangas, 3.
- ☎ 985 860 715.
- 🖰 www.hotelribadesella playa.com
- 🛏 Habitación doble: desde 65 €.

Ocupa este hotel una antigua mansión junto a la playa. Resulta familiar y bastante agradable.

Hotel Paraje del Asturcón***

- ✉ Aldea de Junco (Xuncu), s/n (Ribadesella).
- ☎ 985 860 588.
- 🖰 https://hotelparajedel asturcon.com
- 🛏 Habitación doble: desde 66 €.

Hotel rural situado a 3 km de Ribadesella, en un paraje idílico sobre la ría. Habitaciones cálidas y confortables.

SALAS

Hotel Castillo de Valdés Salas**

- ✉ Pza. de la Campa, s/n.
- ☎ 985 830 173.
- 🖰 www.castillovaldes salas.es
- 🛏 Habitación doble: desde 54 €.

Instalado en el castillo de la villa. Atención a su patio interior. Las habitaciones son cómodas y agradables.

TAPIA DE CASARIEGO

Hotel San Antón

- ✉ Plaza San Blas, 2.
- ☎ 985 628 000.
- 🖰 www.hrsananton.com
- 🛏 Habitación doble: desde 50 €.

TARAMUNDI

La Rectoral de Taramundi****

- ✉ Cuesta de la Rectoral, s/n.
- ☎ 985 646 760.
- 🖰 www.larectoral.com
- 🛏 Habitación doble: desde 70 €.

Casa rectoral del siglo XVIII, bien rehabilitada. Uno de los pioneros en el turismo rural del occidente de Asturias. Asociado al club de "Casonas Asturianas".

VILLAVICIOSA

Hotel La Casona de Amandi***

- ✉ Calle de San Juan, 6 (Amandi).
- ☎ 985 893 411.
- 🖰 https://lacasonade amandi.com
- 🛏 Habitación doble: desde 90 €.

En una extensa finca. Las dependencias conservan el mobiliario original isabelino.

Información práctica

INFORMACIÓN TURÍSTICA

▎Oviedo

Centro de Información Turística del Principado de Asturias (CITPA)
- ✉ Plaza de la Constitución, 4.
- ☎ 984 493 563.
- 🖥 www.visitoviedo.info
  www.turismoasturias.es

Oficina de Turismo "El Escorialín"
- ✉ Marqués de Santa Cruz, s/n.
- ☎ 985 227 586.

▎Gijón

Infogijón
- ✉ Casa Paquet. Plaza Fermín García Bernardo, s/n.
- ☎ 985 341 771.
- 🖥 www.gijon.es

La Escalerona
- ✉ Escalera nº 4 de la Playa de San Lorenzo.
- ☎ 985 341 771.

▎Avilés
- ✉ Ruiz Gómez, 21.
- ☎ 985 544 325.
- 🖥 https://aviles.es

▎Cangas de Narcea
- ✉ Plaza de la Oliva, s/n.
- ☎ 985 811 498.
- 🖥 www.ayto-cnarcea.es

CALENDARIO DE FIESTAS

▎Enero

San Antón
En la Foz de Morcín, el día 17, fiestas en honor del santo celebradas con menú tradicional y *casadielles* de postre.

Certamen Provincial del Queso de *Afuega'l pitu*
También en la Foz de Morcín, el domingo siguiente, queso artesanal asturiano elaborado en los concejos de Morcín, en su variedad roja, con pimentón, y Grado, Candamo y Pravía, en su variedad blanca.

▎Febrero

Fiesta del Socorro
En Luanco, hasta el día 6. Pueblo pesquero, en el que preparan caldeirada de patatas y pescado en todos los establecimientos.

Les Comadres. En Pola de Siero, el jueves anterior a Carnaval. Las mujeres cuentan ese día con una bula especial, circunstancia que suele ser aprovechada por los hombres. Bollos *preñaos,* tortillas y sidra.

▎Marzo

Carnaval. Fiesta de fecha variable. El Martes de *Antroxu* o Martes del Gordo es el día gastronómico por excelencia, aunque todo el periodo lo sea, el cerdo fue tradicional protagonista de estas jornadas, que solían coincidir con la matanza.

Subida del Nazareno
En Luarca, el Jueves Santo, todo el pueblo acompaña con velas encendidas la Subida del Nazareno.

▎Abril

Fiestas de el Bollo
En Avilés, el Domingo de Pascua, fiesta declarada de Interés Turístico, se instauró a finales del siglo XIX como merienda colectiva para que los barrios avilesinos y sus habitantes dejaran de pelearse, hoy es una fiesta folclórica con degustación del bollo de mantecado escarchado y de vino blanco.

Fiesta de los Huevos Pintos
En Pola de Siero, Martes de Pascua, fiesta declarada de Interés Turístico, miles de huevos artísticamente decorados se venden durante la fiesta.

Primera Flor. En Grado, el domingo siguiente a la Pascua de Resurrección. Feria de jamones, hortalizas y otros productos derivados del cerdo.

Mayo

Romería del Cristo de la Abadía
En Cenero, Gijón, el día 6, es la primera de la temporada.

Martes del Bollo o La Balesquida
En Oviedo, el martes de Pentecostés, tradicional romería en el Campo de San Francisco, con reparto del *bollu preñau.*

Festival del arroz con leche
En Cabranes, el segundo domingo de mayo, con motivo de la festividad de Santa Eulalia.

Feria del queso y del vino
En Avilés, en la segunda quincena del mes, con fecha variable y durante varios días, se celebra en el pabellón de la Magdalena.

Junio

Festival de la fresa
En Grullos (Candamo), fecha variable. Exposición, concurso y venta de fresas, famosas en esta zona.

Fiestas de San Juan
En Colombres, el día 24, en Mieres. Hogueras.

Fiestas de San Pedro
En La Felguera, el día 29. Diversos festejos entre los que sobresale un concurso de empanadas.

Fiesta de L'Amuravela. En Cudillero, el día 29. Declarada de Interés Turístico. Se relatan de una forma irónica los hechos ocurridos durante el año tanto en el pueblo como en el país. La Amuravela se recita en *pixueto,* el dialecto local. En Langreo, durante estas fiestas se celebra un prestigioso Concurso de Cuentos.

Julio

Fiesta del Cordero
El primer domingo de julio, los concejos vecinos de Quirós y Lena, celebran, en el Prau Llaguezos, el Concurso Nacional de Cordero Asado.

Festival de la Sidra Natural
En Nava, la capital de la sidra, el segundo sábado del mes, se celebra desde los años 60 con un concurso de escanciadores. Multitudinario.

Peñas de Pólvora. En Cangas del Narcea, el día 16. Festividad en honor de la Virgen del Carmen, patrona de los marineros. En los pueblos de la costa son tradicionales las procesiones y las descargas de "voladores" en honor de la Virgen, como en Tapia de Casariego.

Fiesta del Pastor
En Cangas de Onís, el 25. Declarada de Interés Turístico. Los pastores de Covadonga, reunidos en el refugio municipal, discuten en concejo abierto sus problemas y eligen al regidor de pastos.

INFORMACIÓN TURÍSTICA

Cangas de Onís
- Casa Riera. Avda. Covadonga, 1.
- 985 848 005.
- www.turismo cangasdeonis.com

Llanes
- Marqués de Canillejas (antigua Lonja de Pescado).
- 985 400 164.
- www.llanes.es

Luarca
- Plaza Alfonso X el Sabio. Palacio Marqués de Gamoneda.
- 985 640 083.
- www.turismo luarca.com

Ribadesella
- Paseo Princesa Letizia, s/n.
- 985 860 038.
- www.ribade sella.es

Tineo
- Plaza El Fontán, 22.
- 985 900 202.
- wwww.tineo.es

Villaviciosa
- Calle del Agua, 29. Casa de los Hevia.
- 985 891 759.
- www.turismo villaviciosa.es

❚ Aeropuertos

**Aeropuerto
de Asturias**

- ✉ En Castrillón, a
  15 km de Avilés,
  40 km de Gijón y
  45 km de Oviedo.
- ☎ 913 211 000.
- 🖱 www.aena.es

Iberia
- ☎ 913 336 701.
- 🖱 www.iberia.com

Air Europa
- ☎ 911 401 501.
- 🖱 www.aireuropa.
  com

❚ Ferrocarril

**Información
de Renfe y Feve**
- ☎ 912 320 320.
- 🖱 www.renfe.com

❚ Autobuses

Oviedo
Estación de autobuses
- ✉ Pepe Cosmen, s/n.
- ☎ 985 969 600.
- 🖱 www.estacionde
  autobusesde
  oviedo.com

Gijón
Estación de autobuses
- ✉ Magnus
  Blikstad, 2.
- ☎ 985 342 713.

Alsa
- 🖱 www.alsa.es

Fiesta de los Vaqueiros de Alzada
Cada último domingo del mes. Fiesta declarada de Interés Turístico, se celebra en la braña de Aristébano, en el límite de los concejos de Valdés y Tineo. Su acto más destacado es la Boda Vaqueira, enlace real de una pareja vaqueira, nombramiento de vaqueiros de honor y concursos de canto y baile.

Festival Intercélticu de Avilés y comarca
En Avilés, en la tercera semana del mes. Festival con música y manifestaciones culturales del mundo celta.

❚ Agosto

Festival de la Sardina
En Candás, el 1. Coincidiendo con su fiesta patronal de San Félix. Miles de sardinas son asadas en el espigón del muelle.

Descenso Internacional del Sella
El primer sábado. Al descenso van palistas de varios países, que recorren el río Sella en su último tramo, entre Arriondas y Ribadesella, donde la fiesta se acompaña con sidra, empanadas y queso de Cabrales.

Virgen de Begoña
En Gijón; la fiesta se celebra el día 15, pero aproximadamente del 9 al 18 se organizan diversas actividades, entre ellas la Feria Internacional de Muestras de Asturias. Es la Semana Grande de Gijón.

Procesión del Rosario
En Luarca, durante las fiestas de la Ascensión, el día 15. Se celebra una vistosa procesión marítima. Está declarada de Interés Turístico Nacional.

San Roquín
En Barro-Llanes, el domingo siguiente a San Roque, salvo cuando este caiga en sábado, que se deja un domingo en medio. El santo es llevado a hombros de los *sanrrocudos* a la parroquia, acompañado de un vistosísimo cortejo. Después se baila la jota llanisca y las danzas del *corri-corri,* tradicional baile asturiano.

Fiesta del Asturcón
El día 23 en la majada de Espineres, en la sierra del Sueve, en las cumbres, entre Colunga y Piloña. Con doma y marcaje de los caballos asturcones.

Descenso folclórico del río Nalón
En la 2ª quincena, en Pola de Laviana, coincidiendo con la celebración de las fiestas patronales de la Virgen de Otero. Con los participantes disfrazados, a bordo de embarcaciones construidas y guiadas por ellos mismos.

Quema de Brujas
En Barro-Llanes, el día 24. La víspera de San Bartolomé, las brujas (jóvenes ataviados con ropas viejas y multicolores) se reúnen en torno a una hoguera. Al final, se quema una gran bruja de fuegos artificiales.

Certamen del Queso de Cabrales
En Las Arenas de Cabrales, el último domingo. Reparto de bocadillos de queso y concurso entre los productores de la zona, festival folclórico y verbena. También baile del *corri-corri.*

❙ Septiembre
Nuestra Señora de Covadonga
El día 8, se celebra el Día de Asturias, fiesta oficial itinerante por todo el Principado.
Festival de la Huerta
En Pravia, del 5 al 9, con motivo de las fiestas de Nuestra Señora del Valle se celebra un concurso exposición de las mejores hortalizas de la zona.
Fiestas de Nuestra Señora del Portal
En Villaviciosa, del 8 al 12, fiestas patronales. En los años impares, Festival de la Manzana.
Fiestas del Santísimo Cristo de Candás
En Candás, el día 14. Tienen lugar los llamados Toros en el Mar, evento declarado de Interés Turístico, se celebra cuando la mar está baja, y así poder utilizar la playa para refugiarse de los toros en caso de peligro.
Fiestas patronales de San Mateo
En Oviedo, el día 21. Muchos países de Europa y América envían representantes a los festejos del Emigrante Astur, que se celebra dentro de esta festividad.
Romería de los Santos Mártires de Valdecuna
En Mieres, el día 27. Fiesta declarada de Interés Turístico. Romería en honor a los santos Cosme y Damián.

❙ Octubre
Festival de la Avellana
En Infiesto, el primer domingo. Venta de los mejores frutos secos del concejo tales como avellanas y nueces características de la zona.
Certamen de Quesos de los Picos de Europa
En Cangas de Onís, el día 12. Concurso y venta de diversos quesos.
El Desarme
En Oviedo, día 19. Festejo gastronómico con garbanzos con bacalao y espinacas y callos a la asturiana.

❙ Noviembre
Festival de la Castaña
En Acen (Candamo), a principios de mes, con *amagüestu*, reunión tradicional para asar castañas acompañadas con sidra dulce.
Fiesta de los Humanitarios. En Moreda, el día 11. Este es el nombre que recibían los miembros de la Cofradía de San Martín, disuelta en 1936.

TRANSPORTES

❙ Alquiler de automóviles

Oviedo
Avis
✉ Estación de autobuses. Avda Pepe Cosmen, s/n Local 4.
☎ 985 241 383.
🖰 www.avis.es
Europcar
✉ Estación de autobuses. Avda Pepe Cosmen, s/n.
☎ 985 245 712.
🖰 www.europcar.es
Hertz
✉ Ventura Rodríguez, 4.
☎ 985 270 824.
🖰 www.hertz.es

Gijón
Avis
✉ Plaza N. Piñole, 3.
☎ 985 354 208.
🖰 www.avis.es
Europcar
✉ Estacion de tren Renfe-Feve. Bohemia, 6.
☎ 985 165 126.
🖰 www.europcar.es
Hertz
✉ Anselmo Cifuentes, 12.
☎ 985 355 050.
🖰 www.hertz.es

Fiesta de Santa Catalina
En Barro-Llanes, el día 24. Los vecinos acuden a la Plaza Mayor el día de la santa con un kilo de castañas y con sidra que ha de ser del *duernu,* dulce y recién hecha.

Diciembre

Día de la Fabada. En La Felguera, el primer sábado del mes. Concurso de fabadas en el que participan establecimientos y amas de casa.

Fiesta del Guirria
En San Juan de Beleño (Ponga), el día 31. El *guirria* es un personaje disfrazado que, durante ese día, está autorizado a hacer lo que le venga en gana, como manchar de ceniza a los mozos o darles golpes con un palo, y también besar a las mozas.

ESPECTÁCULOS Y DIVERSIONES

Semana de Música Religiosa de Asturias
En marzo, Coral Polifónica de Avilés. Avilés.

Festival Internacional de Música y Danza
En agosto. Avilés.

Campeonato del Mundo de Surf
La localidad asturiana de Tapia de Casariego acoge durante Semana Santa la competición de surf con más tradición de todo el litoral cantábrico: el Classic Goanna Pro (Memorial Peter Gulley). Una cita ineludible para los amantes de las olas y, también, para los que quieran disfrutar de una Semana Santa diferente junto al mar.

Encuentros de Cabueñes
En julio, cursos de teatro, radio, fotografía, etc., en los Encuentros Internacionales de Juventud, en Gijón, en el mes de octubre.

Festival de Música Antigua
En el mes de julio en Gijón.

Semana Negra de Gijón. En Gijón (primeros de julio), encuentro dedicado a la creación artística, sobre todo narrativa, basada en el género policíaco.

Festival Internacional de Cine de Gijón
Segunda quincena de noviembre.

Temporada de Ópera
En Oviedo, a partir de septiembre, en el Teatro Campoamor. Telf. 985 207 590. www.operaoviedo.com

Zoo de La Grandera (antes llamado Centro Exhibición de Fauna Autóctona). Situado en las inmediaciones de Soto de Cangas (a 4 kilómetros de Cangas de Onís). Está considerada como la más completa, en realidad la única, muestra de fauna asturiana en su medio natural.

ESPACIOS NATURALES

Parque Nacional de los Picos de Europa

Con motivo de la celebración del 12º centenario de la batalla de Covadonga, el 22 de julio de 1918 se declara Parque Nacional de la Montaña de Covadonga el macizo de Peña Santa. En 1995 fue declarado Parque Nacional todo el macizo de los Picos de Europa. A caballo entre Asturias, Cantabria y León, los Picos de Europa constituyen el macizo más espectacular de la Península. Sus parajes más conocidos son el santuario de Covadonga, los lagos de Enol y Ercina, la población de Caín, el desfiladero del Cares y el Naranjo de Bulnes o pico Urriellu. Las especies predominantes son las hayas y tres variedades de roble. Respecto a la fauna, destacan la cabra montés, el oso y el rebeco. El águila real anida en el parque, y a veces aparecen lobos en el límite de su hábitat; tambien se ven urogallos.

Cómo llegar

A unos 20 km de Cangas de Onís se encuentra Covadonga. Para entrar desde el sur a pie, hay que partir de Soto de Sajambre o por Posada de Valdeón (desfiladero de Cares). En verano hay autobuses desde Arriondas y Cangas de Onís, que llevan directamente hasta los lagos y al santuario de Covadonga. Para más información dirigirse al Centro de Recepción de Visitantes del Parque Nacional de Picos de Europa.

Parque Natural de Redes

Ocupa el territorio administrativo de los ayuntamientos de Caso y Sobrescobio, a lo largo del cauce del río Nalón y de la carretera AS 17. Se trata del espacio montañoso con el arbolado más extenso de Asturias –hayas y robles–. En cuanto a la fauna, hay presencia ocasional de osos, procedentes de las montañas leonesas, áreas estables de lobos, poblaciones de venado y rebeco y es el principal núcleo de urogallo en el oriente asturiano.

Cómo llegar

La carretera AS 17 cruza el parque desde Langreo hasta el puerto de Tarna. Desde el este la AS 254 une Infiesto y Campo de Caso. Para más información dirigirse al Centro de Interpretación de la Naturaleza del Parque Natural de Redes.

Parque Natural de Somiedo

Es una de las reservas más ricas del norte de España por su alto grado de conservación, diversidad ambiental y valor paisajístico. Ocupa el área central

INFO

Parque Nacional de los Picos de Europa. Centro de Recepción de Visitantes

✉ Casa Dago Avda. Covadonga, 43. Cangas de Onís.

☎ 985 848 614.

🌐 http://parque nacionalpicos europa.es

Centro de Visitantes "Pedro Pidal"

✉ Lagos de Covadonga (Cangas de Onís).

☎ 985 848 614.

🕐 Abre en verano, Semana Santa, puentes y festivos nacionales.

Parque Natural de Redes. Centro de Interpretación de la Naturaleza

✉ Campo de Caso. Caso.

☎ 985 608 022.

🌐 www.turismo asturias.es

INFO

**Parque Natural
de Somiedo.
Centro de
Interpretación**

✉ Narciso Herrero
Vaquero, s/n (Pola
de Somiedo).

☎ 985 763 758.

🌐 https://parque
naturalsomiedo.
com

**Oficina de Turismo de
Pola de Lena**

✉ Esq. del Marqués
de San Feliz, 2.

☎ 985 497 608.

asturiana, entre las localidades de Teverga al este y Cangas del Narcea y Tineo al oeste.

Con su creación en junio de 1988, Somiedo fue el primer espacio declarado como Reserva por el Principado de Asturias. Los bosques cubren casi la cuarta parte de su territorio con dominio de hayas y una menor presencia de robles y especies legalmente protegidas como el acebo y el tejo. El resto de la superficie del parque corresponde a prados y pastizales donde se desarrolla una intensa actividad ganadera.

Somiedo alberga dos especies emblemáticas, el oso pardo y el urogallo, además de jabalí, venado, rebeco, lobo, zorro, gato montés, gineta, garduña, liebre de piornal, desmán ibérico, tejón y nutria. Somiedo acoge casi ciento veinte especies de aves, con especial atención a las rapaces diurnas.

Cómo llegar

El acceso más rápido se realiza por la AS 227 que va desde Cornellana a Pola de Somiedo y que une esta localidad con los otros dos núcleos de población: La Riera en la parte baja y El Puerto en la cabecera del valle. Esta carretera remonta el valle para rebasar el puerto de Somiedo en dirección a la Babia leonesa. También se puede acceder al parque por la carretera local TE 1 que une Teverga con Somiedo por el puerto de San Lorenzo.

▌ Parque Natural de las Ubiñas-La Mesa

Se ubica en los concejos de Teverga, Quirós y Lena. Es un área montañosa de fuertes contrastes, con peña Ubiña, el segundo macizo montañoso más alto de Asturias, donde se localizan los picos del Fontán y peña Ubiña, que superan los 2.400 m.

Más de un tercio de la superficie del parque está ocupada por bosques maduros, entre los que el hayedo es dominante. La calidad ambiental de estos hábitats permite que residan un elevado número de especies con el oso pardo, el urogallo cantábrico y el águila real como ejemplares más emblemáticos, mientras que existe una gran cantidad de otras especies de valor cinegético.

La cuarta parte del territorio del parque se encuentre cubierto por pastizales dedicados a la ganadería, sobre la que se basa la economía local. Entre los valores culturales del parque destaca su patrimonio arqueológico con una rica estación rupestre en los Abrigos de Fresnedo o la calzada romana del Camino Real de la Mesa.

En julio de 2012 fue declarado Reserva de la Biosfera por la Unesco.

Cómo llegar

El mejor acceso al parque es por la autopista A 66 y la carretera N 630, que comunica Oviedo con Lena, mientras que a Bárzana, puerta de entrada al área central del parque, se accede por la carretera regional AS 229.

Parque Natural de Ponga

Ocupa el territorio del concejo de Ponga. Constituye un espacio de relieve complejo, con altitudes que llegan a los más de 2.100 m de peña Ten, mientras que el río Sella es el cauce más importante del territorio.

Posee bosques maduros, hayedos y robledales, con unos hábitats que permiten la presencia de las especies más emblemáticas de la Cordillera Cantábrica.

Los núcleos de población del parque conservan un valioso patrimonio cultural con muestras arquitectónicas propias como el hórreo *beyusucu,* de pequeño tamaño y con cubierta a dos aguas; en este territorio se elabora el queso de los Beyos.

Cómo llegar

La vía de comunicación preferente es la N 625, que discurre siguiendo el curso del río Sella para posteriormente desviarse por la AS 261 hasta Beleño. Para más información dirigirse al Centro de Recepción de Visitantes del Parque Natural de Ponga.

Parque Natural de las Fuentes del Narcea, Degaña e Ibias

Ocupa gran parte de las montañas del sur del concejo de Cangas del Narcea. Se trata de un espacio de escaso poblamiento y acusado relieve que conserva importantes masas forestales autóctonas y que incluye en su territorio las reservas naturales de Muniellos y del Cueto de Arbás. Las localidades principales son Rengos, Degaña, Cerredo y Luiña, que tradicionalmente se han dedicado a la actividad minera. La fauna es de las de mayor riqueza de toda la Cordillera.

Cómo llegar

El acceso principal es a través de la AS 15. Desde Degaña se accede a Ibias a través del puerto de la Campa de Tormaleo. Cangas del Narcea y Villablino están conectados a través de la AS 213 por el puerto de Leitariegos.

Para más información dirigirse al Centro de Interpretación del Parque Natural de Fuentes del Narcea, Degaña e Ibias, y al Centro de Interpretación de Muniellos.

INFO

Parque Natural de Ponga.
Centro de Recepción de Visitantes
✉ San Juan de Beleño (Ponga).
☎ 985 843 113.
🖥 www.ponga.es

Parque Natural de la Fuentes del Narcea Degaña e Ibias.
Centro de Interpretación
✉ Barrio San Roque. Zarréu. Degaña.
☎ 610 588 462.
🖥 www.fuentes delnarcea.org

Centro de Interpretación de Muniellos
✉ Ctra. AS 348 La Venta-Puerto El Coniu (Oubachu).
☎ 610 581 720.
🖥 www.ayto-cnarcea.es

ALGUNAS PLAYAS DE INTERÉS

Cudillero
La Conchona. Próxima a Regueira. **La Gairúa.** Cerca de Santa Marina y Reguerina. **Playa del Aguilar.** Una de las más visitadas de la región. **Playa del Silencio.** Bello lugar con acceso difícil.

Llanes
La Ballota. En las proximidades de Andrín y Cué. **Cuevas del Mar.** En Cuevas. **Portiellu.** Pequeña y tranquila. Se llega desde Cué o desde Andrín por diversos caminos. **Portillo de San Martín.** Se accede por un camino que parte de Celorio. **Sablón.** Playa de arena en medio de la villa de Llanes. **San Antonio.** En las proximidades de Picones, localidad a la que se llega desde Nueva. **Torimbia.** Playa nudista a la que se llega desde Niembro. **Toró.** Se accede desde Cué y Llanes. **Toronda.** Acceso en coche desde Niembro. **Villanueva.** Cala de arena, muy tranquila, que se halla en los alrededores de la localidad del mismo nombre.

Ribadedeva
El Oso. Solo se accede en bajamar, desde la playa de La Franca. **El Vivero** y **Mendía.** Playas situadas cerca de Pimiango.

Tapia de Casariego
Los Campos o **Playa Grande.** Arenal grande durante la bajamar. Familiar. Surfistas. **La Paloma.** Se accede por la urbanización de La Reburdia. Para solitarios. **Serantes.** Familiar aunque peligrosa durante la bajamar. Una parte de ella es nudista. **Peñaronda.** Compartida con el concejo de Castropol, de gran valor natural.

Valdés
La Escaladina. Concha tranquila en donde hay una pequeña piscina natural. Se llega a pie desde Barcia. **Luarca.** Playas muy concurridas con camping cercano. **Salinas.** Playa de arena fina. **Barayo.** Clasificada como Reserva Natural Parcial, cuenta con dunas y marismas. Acceso desde la localidad de Sabugo.

Villaviciosa
Conejera. Al este de punta de Rodiles. **España.** Playa muy concurrida. **Misiego.** Playa de arena en la ría de Villaviciosa. **La Ñora.** Cerca de Gijón. Se llega desde Quintueles, desviándose entre Lloreda y La Esperanza. **Rodiles.** En la carretera de Villaviciosa a Colunga. Con camping. **Tazones.** Cerca del puerto de Tazones.

Índice de lugares